50
人生戦略は
「図」で考える

久恒啓
Keiichi Hisatsune

プレジデント社

JN062118

はじめに

「五〇歳という年齢には〝魔物〟が棲んでいる」

この本の執筆のためにインタビューをさせてもらった人物がつぶやいた言葉です。

その人物は、五三歳で従業員数九〇〇名を超える中堅企業の社長の座を後進に譲り、自らは「魔物」から逃れるために、人口一万人の地方の町に単身移住して、まちおこし事業を行うスタートアップ企業を立ち上げました。


その「魔物」とは何か。

二〇一三年に施行された高年齢者雇用安定法の改正により、希望者は六五歳まで働けるようになり、二〇二一年から施行されたさらなる改正によって、七〇歳までの就業が視野に入ってきました。

仮に、五〇歳でのポテンシャルが一〇〇であるとすると、定年の六五歳のときは、落ちても七〇ぐらいまでだろうから、「何とかなるだろう」というささやきがどこからか聞こえてくる。

それが「魔物」なのです。

なぜ、「魔物」なのか。いまの時代、その声に従った途端、「何とかならない」状況に陥ってしまうからです。

DX（デジタルトランスフォーメーション）をはじめ、社会の急激な変化に対応するため、多くの企業・組織が経営の構造改革を進める一環として、大規模な早期退職の募集を始めています。真っ先にその対象になるのは五〇代です。

多くの企業で、日本型雇用の中核をなす終身雇用を前提とした年功序列を維持することが困難になり、それぞれの職務を明確にして成果評価を行うジョブ制が広まっています。

五〇代が過去の実績をもとに、「昔の名前で出ています」的に生きようとしても、「昔の名前のままならいらない」とされてしまうでしょう。

いまの時代、五〇代にとって、「何とかなるだろう」といっていられない状況に突入しようとしているのです。

人口一万人の町でスタートアップ企業をおこした元中堅企業社長の場合は、一〇年間で会社の規模を従業員数二〇名から九〇〇名以上へと、右肩上がりの成長を実現した実績があるので、「昔の名前で出ています」でコンサルタント業や顧問業を始めることもできたでしょう。

それでも、まったく逆の選択をしました。

人生が終わるときに一〇〇を上回っていたい。そのためには、五〇代でも成長を続けたいと思い、成長せざるを得ない環境にあえて自分を置いたのです（第6章で詳述します）。

そこには、人生に対する考え方の違いが表れています。

「五〇代は人生の後半の始まり」ととらえ、あとは力が徐々に衰えていくことを受け入れて生きるのか。

それとも、「五〇代こそ新たな人生戦略を立てるとき」ととらえ、人間としての完成に向かって、より充実した人生を送りたいと望むのか。

本書を手に取られた方も、五〇代をどう生きるかについて、第二、第三の人生について、真剣に考えていることでしょう。

ここで一つ、質問です。あなたは「キャリア」について、どんなイメージをお持ちでしょうか。

キャリアとは、一般に「仕事上の経歴、職歴」の意味で使われます。これに対し、私はキャリアについて、もっと広い意味でとらえ、「仕事歴を中心とした学習歴、経験歴の総体」であるととらえます。

仕事を続けている間は仕事歴が中心となるでしょうが、仮に六五歳で仕事歴に区切りをつけたとしても、学習歴や経験歴を積み上げれば、それもキャリアになる。

そう考えたとき、新卒で入社して仕事を覚えた二五歳をキャリアづくりの始まりとすれば、八〇歳くらいまでをキャリアづくりの期間と考えてもいいのではないでしょうか。

私は、二五歳から八〇歳までの期間を三つに区分し、二五～五〇歳を「青年期」、五〇～六五歳を「壮年期」、六五～八〇歳までを「実年期」と呼んでいます。

つまり、五〇代から始まる壮年期は「人生の後半の始まり」ではなく、三期にわたるキャリアの「二期目の始まり」なのです。

元中堅会社社長のように、壮年期に入っても成長を続ければ、実年期以降も、人間として完成に向かって生きることができる。

それには、五〇代でどのような人生戦略を立て、ライフデザインを描けばいいのか。

その人生戦略やライフデザインを、私が考案した「人生鳥瞰図」を使って導く方法をお伝えするのが、この本のねらいです。

私はこれまで、図解を使って、理解し、企画し、伝達する「図解コミュニケーション」、図解して考える「図解思考」の研究を続けてきました。その過程で、自分の人生を棚卸しし、未来を展望するための図解として生み出したのが人生鳥瞰図です。

人生鳥瞰図は、次のような仕組みで成り立っています。

最初は、「価値観」「自分像」を明らかにするという、内省的なアプローチから適職を導き出します。

まず、人生の軌跡を子どものころからなぞり、自分が影響を受けた「生い立ち」「出会い」「出来事」により、どんな「価値観」が育まれたのかを明らかにします。

この「価値観」については、精神的自由、時間的自由、経済的自由、肉体的自由の四つの要素のどれを優先するかという視点からも検証します。

次は「自分像」です。「性格」「関心」「能力」の三つの側面から「自分像」を抽出します。

そして、「価値観」と「自分像」にもとづいて「私に合った仕事」を導き出します。もし、「これからやってみたい」と思っている仕事があれば、照合してみることができます。

次は、キャリアの軌跡をたどって、未来を展望します。

「仕事歴」「学習歴」「経験歴」から、これまでの「キャリア自分史」を再確認し、壮年期に向けた「キャリア目標」を考える。そして、その先にある「天職への道」を探る。

これらの人生を構成する要素を図解で整理しながら、自分の来し方行く末を自己発見するのが人生鳥瞰図です。

私がつくった人生鳥瞰図のモデルを参考にしながら、自身で人生鳥瞰図を作成してみるところまで、本書は導きます。

それには、図解の技術の基本を知っていただく必要があり、その入門編として、自分の仕事を図解する「仕事図」の作成法も第3章で紹介します。

読者も、五〇代（壮年期）に向け、「こんな方向に進んでみたい」「こんなことをやってみたい」と漠然と考えていることでしょう。あるいは、「どんな方向に進めばいいのか」「何をやればいいのか」と、迷い、悩んでいるかもしれません。

本書を一読し、ご自身の人生鳥瞰図を描いてみると、その漠然とした思いや迷いがクリアになり、新しい人生戦略やライフデザインに踏み出す気力が湧くはずです。

私は、一五年ほど前から、偉大な功績を残した人物の足跡をたどる人物記念館を訪ねることをテーマにして、国内を旅しています。企画展を含めて年間約六〇館のペースで回り、累計で九〇〇館を数えるまでになりました。このライフワークで得た知識は、独自の情報源になっています。

一つの発見は、偉人には遅咲きの人が多いということです。四〇代や五〇代、あるいは、六〇代から人生を完成させる道を進み始めているのです。

遅咲きの人たちに共通するのは、いつも、「いまから」と考えていることです。自分のピークはまだ先にあると思っている。

「四十、五十は洟垂れ小僧、六十、七十は働き盛り、九十になって迎えが来たら、百まで待てと追い返せ」

「近代日本経済の父」と呼ばれる渋沢栄一の言葉として知られていますが、実際、渋沢は九一歳と、当時としては長寿に恵まれました。渋沢も、何歳になっても常に「いまから」「いまから」と心に念じて、次々と会社や事業を立ち上げていったのでしょう。日本の発展のために行動し続けた先駆者は「人生一〇〇年時代」も先取りしていました。

自分の人生を、「いまから」ステップアップさせたい、人生行路について、「いまから」舵を切ってみたい。

本書が読者の「いまから」を後押しできれば幸いです。

もくじ

第3章

「図解」の基本を学ぶ——自分の仕事を図解する 065

第5章 過去、現在、未来を「見える化」する「人生鳥瞰図」の完成

第6章 「起承転転」の生き方を目指そう――人生「遅咲き」の時代 185

第1章

ニューノーマル時代の人生戦略

オンライン授業で発見したこと

二〇二〇年、世界中に蔓延した新型コロナウイルスの感染拡大は、それまで進行していた社会の変化を一気に加速させました。

とりわけ、日本で顕著に現れたのが、デジタルシフト、いわゆるＤＸ（デジタルトランスフォーメーション）の波です。先進国のなかでも日本はＤＸが遅れていた分、さまざまな分野で対応が求められました。

多くの企業で、テレワークによるリモート勤務が始まり、会議もＷｅｂ会議やビデオ会議が行われるようになりました。私が講義をしている多摩大学でも、ゴールデンウィーク明けの二〇二〇年五月から、オンライン授業が開始されることになりました。

システムとして採用したのは、Ｗｅｂ会議システムで世界トップシェアのＺｏｏｍです。ＩＴ企業各社が提供するＷｅｂ会議サービスが各種あるなかで、Ｚｏｏｍは世界中で注目を集めて、企業・団体の有料契約が大幅に伸び、運営する米ズーム・ビデオ・コミュニケーションズの二〇二一年一月期通期の売上高は二六億五一三六万ドルと前年同期比四・三倍、純利益は三一倍の六億七一五二万ドルになりました。

Ｚｏｏｍを使った授業では、私は春学期は学内のスタジオからオンラインで講義を行い、秋学期は大教室で学生を前にした講義を行い、他の学生にはオンラインで講義の様子を流す形をとりました。

オンライン授業を行う際、教員および学生たちが見る画面上に学生の顔は映し出さない方式をとるケースが多いのに対し、多摩大学のオンライン授業の特色は、出席する学生全員が顔出しする方式を採用したことでした。

画面上には、一〇〇～二〇〇名の学生の顔と名前が映し出されます。この光景を見て、私は世のなかのデジタルシフトは、次のフェーズへと進化したことを確信しました。

通常、リアルの大教室での授業は、一〇〇～二〇〇人の学生を前にして講義を行うため、教員一人対学生ｎ人の「1対ｎ」の関係性で進められます。そのｎ人は、前列に座っている学生の顔は大きくはっきり見えますが、後方に座っている学生の顔は小さく、授業中にスマートフォンの画面をのぞいていても教壇からはわかりません。また、1対ｎの関係性なので、顔と名前が一致しません。

これに対し、Ｚｏｏｍの画面上では、すべての学生の顔が同じ大きさで映し出され、しかも、名前も表示されるので、顔と名前が一致するようになります。たとえていえば、全員が最前列に座っているような感じです。逆に学生たちも全員、教員との距離感が同じになります。

そのため、教員が顔を見ながらある学生を指名して質問することもできれば、逆に学生も教員に質問することもでき、それぞれの質問に対する答えを全員が聞いているという具合に、緊張感が双方に生まれます。オンライン授業では、教員はｎ人の学生を相手に講義しているのに、ｎ人のそれぞれと「1対1」の関係性が生まれるのです。

また、リアルの授業では、終了後に感想や意見を紙に書いて提出してもらっていましたが、Ｚｏｏｍでは、終了後に学内のシステムを使って、一定時間内での提出を求めることができます。紙に書かせると、一行しか書いてこない学生もいますが、「〇〇文字以上」と設定することが可能で、学生もある程度内容のある感想や意見を送ってくるようになりました。

このように、リアルの教室での授業では、学生は1対ｎの関係性のなかでの「ｎ分の1」の存在で終始するのに対し、オンライン授業では1対1の関係性のなかでの「1分の1」、すなわち「個」の存在として、参加意識や当事者意識が求められます。

同じように講義を行う教員の側も、「個」の存在としての学生と向き合う責任感と当事者意識が求められるようになる。これは、オンライン授業を始める前にはまったく想定しなかったことで、大きな発見でした。

そして、この関係性の変化によって、一人ひとりの「個」としてのあり方が問われるようになることを予感しました。

「Zoomの時代」は「個」の時代

Web会議は、私が参加する研究会の打ち合わせなどでも多用しましたが、対面での会議とは大きく違った世界が展開されることを実感しています。

Zoomを使った会議では、参加者が映し出される画面は全員同じ大きさであり、フラットな関係性になります。Zoomの画面上では、役職上の違いなどは関係なく、誰もが同等に発言する権限を持っていて、その発言に参加者全員が耳を傾ける世界が生み出されます。

そこでは、誰がどのような発言をしたかが問われる。

同じような現象は、企業のWeb会議でも生じたのではないでしょうか。

対面での会議では、参加者は役職順に着席し、役職の上位者がその発言の内容にかかわらず、強い発言力を持つ。いわゆる、「鶴のひと声」はその象徴でしょう。

これに対し、Ｗｅｂ会議の時空間では、役職に関係のないフラットな関係性が現出するため、優れた発言に参加者の耳目が集まり、その発言者が実質的に会議をリードできる。

役職上位者の「鶴のひと声」はあまり影響力がない。Ｗｅｂ会議では、リーダーシップのあり方が変わる可能性があるのです。

Ｚｏｏｍの世界では、役職の上下ではなく、賛同者や共感者の多い少ないが判断の基準になる。その意味で、Ｚｏｏｍに代表されるウェブ会議システムは「民主主義の技術」といえるでしょう。

私自身、さまざまな機会でＺｏｏｍを利用するなかで、Ｚｏｏｍの世界に「新しい民主主義」のあり方を感じ取りました。なかでも、強く印象に残ったのが、二〇二〇年一〇月に開催された「Ｚｏｏｍ未来フェス２０２０」というＺｏｏｍ環境のなかでのイベントです。

未来フェスは、音楽投稿雑誌『ロッキング・オン』の創刊メンバーで、現在メディア・プロデューサーとして活躍し、多摩大学経営情報学部客員教授を務め、私とも親しい関係にある橘川幸夫氏が、二〇一三年から始めた参加型イベントです。職業や年齢に関係なく、さまざまな現場の人たちが未来に向けた思いや提案を発信する場をつくるというものでした。

以来、各地で実施されてきましたが、二〇二〇年はコロナ禍により対面での交流が制限されるなか、Ｚｏｏｍミーティングの形式で開催されました。午後一時から七時一五分まで六時間一五分の間に、七五名の参加者が一人五分ずつ、メッセージを発信しました。

参加者は、小学校校長、会社員、音楽プロデューサー、僧侶、薬剤師、屋台店主、陶工、大学教授、仏師、大学生、高校生、中学生……多種多様で、年齢は一〇〜八〇代と幅広く、ハワイやマレーシアからの参加もありました。

たとえば、あるアイドル志望の女子高生は、アイドルだけでは差別化できないと、弁護士資格もとって〝弁護士兼アイドルのオンリーワンの存在〟になり、テレビ番組でレギュラーの座をねらうという夢を語りました。すると、参加者から賛同の声がわき上がりました。

年配者は若い世代の発言を面白がり、若い世代は年配者の話に耳を傾ける。

現代社会ではさまざまなところに断絶がありますが、Ｚｏｏｍの世界では、閉ざされた世界から解放され、世代を超え、職種や所属を超えてつながり、社会的な地位やポジションに関係なく、「個」としての発信に共感や賛同が集まるのです。

私個人は、Ｚｏｏｍを使い、参加者に図解の技術を伝授する「図解塾」を開催しています。

参加者は大学教授や企業の社長もいれば、子育て中の女性もいる。年齢も三二歳から八二歳までと幅広い。未来フェスと同様、職業や社会的地位、年齢の違いを超えて議論し合っています。

デジタルシフトの本質は、人々が「時間」「距離」の制約から解放されることにあります。インターネットによって世界中の人々、集団、組織がつながったことで、「いつでも瞬時に」「世界中どこでも」「無限のコンテンツ」を「双方向コミュニケーション」で授受し合うことができるようになりました。

Ｚｏｏｍの世界では、そこからさらに進化し、「権威」や「権力」の制約からも解放され、誰もが参加でき、リアルの世界では発言力が小さい人でも、その発言が共感を呼べば、注目され、高く評価される参加型民主主義が可能になる。

民主主義は一人ひとりの「個」としての自立を前提とします。

Ｚｏｏｍの世界では、あらゆる制約にとらわれない「個」の存在がこれまで以上に問われるようになるのです。

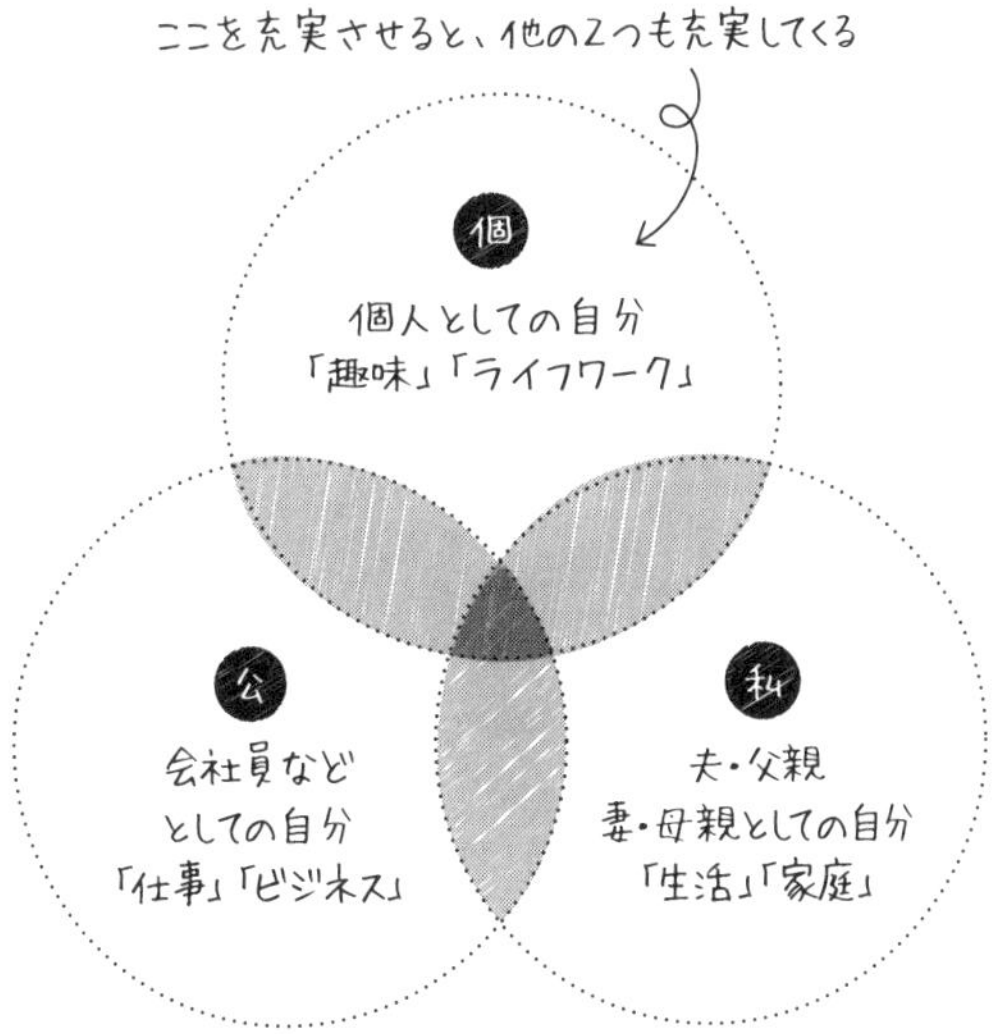

【図１】人生＝公人＋私人＋個人

「公・私・個」のトライアングル

では、「個」の存在とは、どのようなものでしょうか。

現実の世界を生きる〈わたし〉は、三つの軸で成り立っています。それは、「公」と「私」と「個」です（**図1**）。

「公」は、国や社会、所属する組織などに関する立場やことがらのことです。ビジネスパーソンの場合、「公＝仕事における〈わたし〉」と考えていいでしょう。

「私」は「公」を離れた私生活における立場やことがらのことです。結婚をして家庭を持っていれば「私＝家庭における〈わたし〉」が中心になるでしょう。

結婚しておらず、家庭を持っていなければ、親兄弟姉妹などとの家族関係、恋人や友だちとの関係が大きな比重を占めるでしょう。

「公私混同」「公私のけじめをつける」「公私ともどもお世話になっています」といった表現があるように、「公」と「私」は日常的に意識されます。

ここに、もう一つ加えなければならないのが、「個」の概念です。公人は「仕事をする〈わたし〉」、私人は主に「家庭のなかでの〈わたし〉」であるとすれば、個人は「自己としての〈わたし〉」といえるでしょう。

よく、働き盛りの子育て世代は、「公」と「私」にほとんどの時間とエネルギーをとられ、「個人としての時間がない」などといいます。この場合の個人としての時間の対象になるのは、趣味であったり、自己学習であったりするでしょう。

ただ、ここでいう「個」は、もう少し深い意味を持ちます。「自分は何者であるか」というアイデンティティー、「自分は何のために生きるのか」「どうありたいか」という存在意義を表す。ひと言でいえば、「主体的な自己」を意味します。

ここで注目すべきは、ポストコロナ社会における働き方の変化は、この「公・私・個」のトライアングルにどのような影響を及ぼすのかということです。

テレワークによるリモート勤務が世界的に広まり、日本でも多くの企業が一定割合で継続させる動きを見せています。各種の調査によれば、在宅勤務経験者の九割が継続利用を望み、「通勤がないため時間が有効に使える」と答えています。

働き方のニューノーマルとして、リモート勤務や在宅勤務が定着していったときに生じる変化は、自宅で「公・私融合」の状態が生まれることと、自由に使える時間が増えることです。

ここで、これまで以上に問われることになるのが「個」の存在です。

毎日通勤するこれまでのノーマルでは、職場でn人のなかの一人、すなわち、「n分の1」として仕事をするため、日常的には「個」を意識しなくてもすみます。

これに対し、在宅勤務は「1分の1」の世界であり、仕事における「個」を意識させられる機会が増えてきます。テレワークによるWeb会議では前述のような民主主義的な状態が生まれるため、「個」としての発言が問われます。

そして、増大した自由時間をどのようなことに投じるか。仕事に使って自分の成果に結びつけるか、日本の企業でも解禁が相次ぐ副業を始めて収入やキャリアのアップを目指すか、家族とともに過ごす時間を増やすか、趣味や自己学習に振り向けるか、地域活動やボランティアなどの社会活動に参加するか……等々。このとき、「自分は何をやりたいのか」という、「個」としての自分が問われることになる。

ニューノーマルの時代においては、Ｚｏｏｍの世界に象徴されるデジタルの時空間だけでなく、リアルの世界においても、これまで以上に「個」の存在が問われることになるのです。

なお、特に五〇歳前後の世代にとっては、こうした時代の状況に加え、人生戦略の面からも「個」の重要性が増すことについては、次の章で詳述します。

ワークライフバランスへの疑問

コロナ禍で多くの企業に広まったテレワークは、以前から国や自治体、一部企業において、普及に力が入れられていました。政府が二〇一六年に閣議決定した「ニッポン一億総活躍プラン」「経済財政運営と改革の基本方針２０１６（骨太方針）」「日本再興戦略２０１６」などにも、テレワークという用語が随所に登場します。テレワークは「ＩＴを活用した場所や時間にとらわれない柔軟な働き方」という意味で使われます。

テレワークが注目された背景の一つには、少子高齢化による生産年齢人口の減少という社会問題があるのでしょう。子育て、親の介護など、ライフにおける負担が増すなかで、働く場所や時間を柔軟に決められるようにすることで、ワークとライフのバランスをとりながら、誰もが働き続けられるようにする。それがテレワークの普及のねらいでした。

DXの一環として進められてきた取り組みが、コロナ禍により一気に加速したわけです。

これまで、テレワークはもっぱら、ワークライフバランスとの関連で論じられてきました。

ワークライフバランスは、「仕事と生活の調和」と訳され、その推進に取り組んでいる内閣府のウェブサイトによると、「国民一人ひとりがやりがいや充実感を感じながら働き、仕事上の責任を果たすとともに、家庭や地域生活などにおいても、子育て期、中高年期といった人生の各段階に応じて多様な生き方が選択・実現できる社会」と定義されています。

つまり、「仕事（ワーク）」と「家庭や地域などにおける生き方（ライフ）」のバランスをとり、調和をはかるという意味です。

しかし、ワークライフバランスという概念について、私は以前から疑問に思っていました。

仕事と生活の調和をはかるという考え方の根底には、ワークとライフを分け、一方をとるともう一方が犠牲になるという具合に、ワークとライフは対立しがちであるというとらえ方があります。私は、ワークとライフを分ける考え方がおかしいと思うのです。

ワークとライフとは対立するものではなく、ライフのなかにワーク（仕事）も入っているととらえるべきであると考えるからです。

ライフには「生活、人生、生命」の三つの意味がある

ワークライフバランスのライフは一般的に「生活」を意味しますが、ライフはもっと幅の広い意味を持っています。

英語の「life」の意味を辞書で調べると、「生活（暮らし、日常生活）」「人生（生涯）」「生命（命あるもの）」という意味が出てきます。

語源はおそらく「生命」を意味する言葉で、調べてみると、派生語として「のこる（残る・遺る）」「のこす（残す・遺す）」という意味の言葉もあります（「leave＝残す」につながる語）。生命の連綿たるつながりが想起されます。

私たちは、ライフというと、もっぱら「生活」や「人生」を思い浮かべますが、もう一つ大切なのは、何代にもわたる「生命」のつながりという意味のライフです。

自分は連綿と続く生命の歴史のなかにいる。自分はその生命の遺産を受け継いだ存在であり、そしてまた、命の遺産を次世代に引き渡す存在である。受け継ぎ、受け渡す。

そのとき、私たちは何を次世代に残せばいいのでしょうか。

明治時代の日本の知識人に大きな思想的影響を及ぼした人物に内村鑑三というキリスト教思想家がいます。内村鑑三は、著作『代表的日本人』のなかで、欧米の人々に向け、「日本人がいかに優れた民族であるか」を伝えるため、二宮尊徳、西郷隆盛、上杉鷹山、日蓮上人ら、歴史上の偉人の生涯を紹介し、日本的な道徳や倫理の美しさを切々と説きました。

その内村鑑三は代表的著作『後世への最大遺物』のなかで、「この世の中を、私が死ぬときは、私の生まれたときよりは少しなりともよくしてゆこうではないか」と説きました。

そのために、人は何を残せばいいのでしょうか。

お金儲けが得意な人はお金を、事業が得意な人は事業を、文章を書くことができて、本を出版できる人は思想を残す。しかし、そのいずれの才能もない人はどうすればいいのか。

内村鑑三は、誰にでも残すことができる「最大遺物」があるとして、それは「勇ましい高尚なる生涯」であると説くのです。

もちろん、「勇ましさ」や「高尚さ」は人それぞれでしょう。「自分は勇ましくもないし、高尚なる生涯など送っていない」と思われる人も多いのではないでしょうか。

ただ、「あの人はあの人でいい生き方をした」「いろいろ大変なこともあったけれど、あの人らしい人生だった」といわれるような生き方は、その人にしかできない。それも、一つの「高尚なる生涯」といえるのではないでしょうか。

ライフワークとは、生涯をかけて、人生のテーマを持って続けることがらのことです。その結果として、自分は何をしたかを残すことができる。

そして、次世代に引き継ぎ、つないでいけるような人生をまっとうすることができる。それが本当のライフワークではないでしょうか。

ワークライフバランスから ライフデザイン、ライフコンシャスへ

ワークも、辞書で調べると、「(ある目的を持って努力して行う)仕事、労働、作業、努力、

勉強、研究／（なすべき）仕事、任務、務め」といった意味が出てきます。

要は、自ら動いて力を発揮する行為をいうのでしょう。

日々の生活でのワークが、生涯を通じての人生のワークにつながり、次世代に残すワークとなる。「生活」「人生」「生命」のいずれにもつながるワークを見つけることができていたら、それを天職というのでしょう。まさにライフワークの理想像です。

その天職は、本書が読者として想定する四〇〜五〇代の世代の場合、「公」の領域に属することになるでしょうが、「私」の領域にあるかもしれませんし、「公」と「私」の両方に属するかもしれません。

人間は誰しも、世界の動きという空間軸と、時代の流れという時間軸が交わるところに生きています。ポストコロナの社会では、そのいずれもが大きく変化しようとしています。現代はいわば、海図なき時代といってもいいでしょう。

また、本書の主たる読者層の四〇〜五〇代の世代は、キャリア面からも一つの分岐点に立っていることでしょう。

変化する空間軸と時間軸の交点に立ち、次のキャリアへと一歩踏み出すとき、どの方向へ進めばいいのか。そうしたなかで、本書で紹介する「人生鳥瞰図」は、海図なき時代において、これまでの人生の棚卸しを行いながら、新たな人生戦略を立て、自らのライフワークとしての天職を見つけるための羅針盤となることを目的とするものです。

また、人生鳥瞰図を作成する過程では、自らの「仕事歴」と「学習歴」と「経験歴」の総体としてのキャリアを振り返りながら、キャリアにおける自分史、すなわち、「キャリア自分史」を作成します。それはまさに、自分の人生、すなわちライフの軌跡を次世代に残すためのものになるはずです。

それは、「個」としての自分を確認することでもあります。

四〇代までは、ライフのなかでも、日々の「生活」に意識が向き、「仕事と生活の調和」が関心の的になってきたかもしれません。これに対し、四〇〜五〇代の世代にとって、いま求められるのはワークライフバランスではなく、ライフデザインであり、人生や生命を意識するライフコンシャスな生き方です。

なぜ、ライフデザインやライフコンシャスが大切なのかは、次の章でさらに深く掘り下げていきましょう。

| 第 2 章 |

人生100年時代のライフデザインを考える

五〇歳は「人生の後半戦の始まり」ではない

五〇代になると、「いよいよ自分の人生も後半戦に入る」と思いがちです。

しかし、五〇代からの人生戦略を経て、ライフデザインを描くうえで、まず必要なのはこの考え方を根底から変える意識改革です。

では、五〇代をどのように位置づければいいのでしょうか。

日本人の標準的な生き方の規範は、古代中国の思想家、孔子の次のような人生訓に由来します。孔子は『論語』のなかでこう述べています。

「吾十有五にして学に志す。三十にして立つ。四十にして惑わざる。五十にして天命を知る。六十にして耳順《したが》う。七十にして心の欲する所に従えども矩《のり》を踰《こ》えず」

一五歳のときに学問に志を立てる。三〇歳のときに自己の見識を確立し、独立する。四〇歳でものごとの道理を理解し迷いがなくなる。

そして、五〇歳になって初めて自分の人生についての天命、運命が何であったかがわかる。以降、六〇歳では他人の意見に反発を感じず、素直に耳を傾けられるようになり、七〇歳になったら、自分の心の思うままに行動してもけっして道徳から外れないと説く。

このほか、織田信長が好んで舞ったとされる幸若舞「敦盛」の一節、「人間五十年、下天の内をくらぶれば、夢幻のごとくなり……」も、日本人にはよく知られています。

これらのことから、日本人の思考のなかに「人生五〇年」としてとらえる観念が根強く染みつき、四〇歳は「不惑」、五〇歳は「知命」という孔子の人生訓から抜け出せずにいるように思われます。

そこから、「五〇歳は人生の後半戦の始まり」ととらえる意識が生まれるのでしょう。

しかし、改めていうまでもなく、日本人の平均寿命は八〇歳を超え（男性八一・四一歳、女性八七・四五歳＝二〇二〇年）、多くの人が高齢でも活力ある生活を送っています。そして、世界でも最も高齢化が進む日本では、「人生一〇〇年時代」が現実のものになろうとしています。

孔子の人生訓のなかの年齢区分を、人生八〇年時代といわれた時代に再定義すると、おおむね一・六倍にして考えるべきであると私は考えていました。昔の「三十」はいまの五〇歳に、「四十」は六五歳に、「五十」は八〇歳に置き換わります。

人生一〇〇年時代を迎えるにあたり、私は人生を次のように区分けする「新・孔子の人生訓」こそが現代の日本の現実に即していると考えるようになりました（**図2**）。

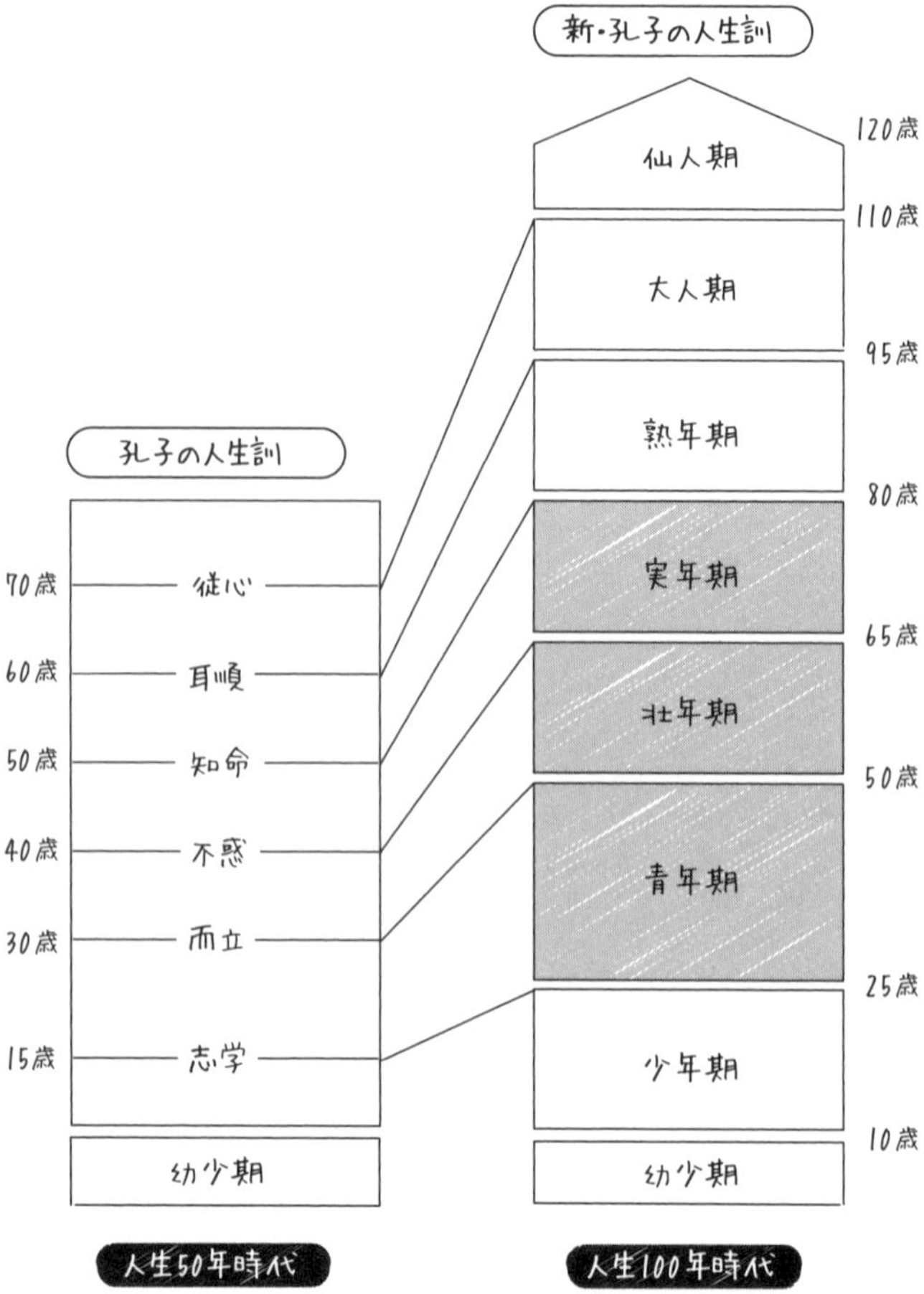
新・孔子の人生訓
120歳
仙人期
110歳
大人期
95歳
熟年期
80歳
実年期
65歳
壮年期
50歳
青年期
25歳
少年期
10歳
幼少期
人生100年時代
孔子の人生訓
70歳 従心
60歳 耳順
50歳 知命
40歳 不惑
30歳 而立
15歳 志学
幼少期
人生50年時代

【図2】新・孔子の人生訓

二五歳から五〇歳までを「青年期」、五〇歳から六五歳までを「壮年期」、六五歳から八〇歳までを「実年期」、八〇歳から九五歳までを「熟年期」、九五歳から一一〇歳までを「大人期」、一一〇歳から限界といわれる一二〇歳までを霞を食って生きる（？）「仙人期」とする（一〇歳から二五歳までは少年期）。

青年期だけは二五年間ですが、ほかはすべて一五年間の区切りです。

この新・孔子の人生訓の最大の特徴は、キャリアづくりの期間は「青年期・壮年期・実年期」の三期にわたり、二五歳から八〇歳まで、合わせて五五年間に及ぶと位置づけたことです。もちろん、後述するようにそれぞれのキャリアづくりの構成は異なりますが、キャリアづくりは三つのフェーズを経験できる。

つまり、五〇代は、人生の後半戦に入るのではなく、三期にわたるキャリアの二期目の始まりになる。五〇代からの人生戦略は、この意識改革から始まるのです。

企業・組織に勤めるビジネスパーソンの場合、五〇代になると、いわゆる「後半生」の仕事や生き方に不安や悩みを抱える人が多くなるといわれます。会社で早期退職の募集があったり、「定年」が視野に入ってきたりと、これから先の人生について、迷ったり悩んだりしている五〇代の会社員は多いことでしょう。さらに、「老後資金二〇〇〇万円」問題が取り沙汰され、長生きが「リスク」といわれるようになると、なおさらでしょう。

しかし、長生きは社会にとってコストが大きい、個人にとってはリスクが大きいという話ばかりが先行しているのは間違っています。お金などの個別の問題について考えることから始めるのではなく、まず、自分の人生のとらえ方を変えるところから始めることが大事です。

五〇代からは、三期にわたるキャリアの二期目の始まりであって、むしろチャンスととらえるべきである。それまでできなかったことができるようになる実りの時期を迎えることになる。人生や生命を意識するライフコンシャスな生き方が始まる。その意識改革が必要なのです。

キャリアは「仕事歴を中心とした学習歴、経験歴の総体」

なぜ、キャリアは「青年期・壮年期・実年期」の三期にわたるのでしょうか。ここで重要なのは、キャリアというものをどのように定義するかです。

キャリアというと、ほとんどの人は「キャリア＝仕事上の経歴、職歴」を思い浮かべるでしょう。しかし、キャリアは仕事だけで構成されるわけではありません。「仕事歴を中心とした学

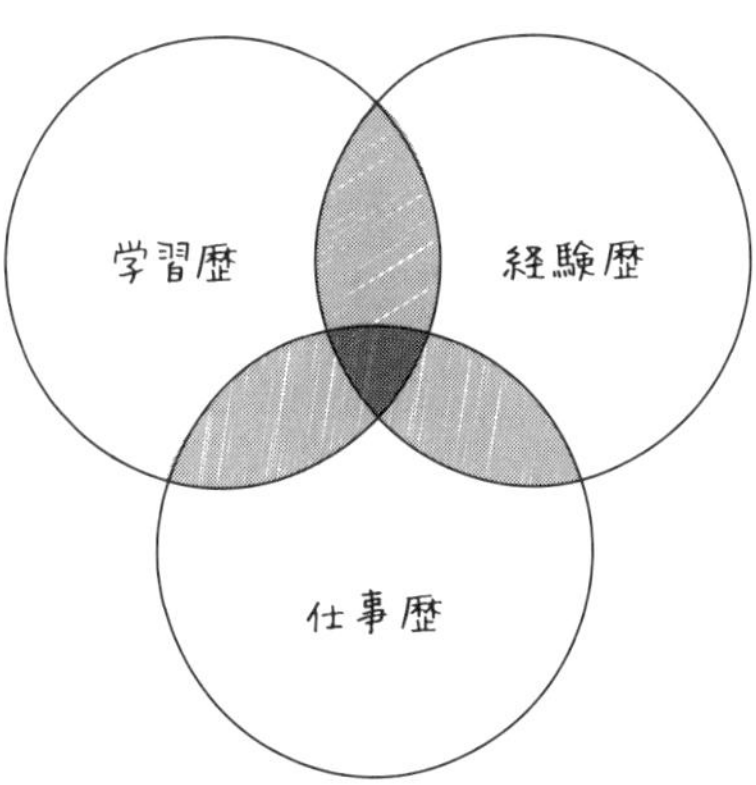

【図3】キャリア開発の３領域

習歴、経験歴の総体」（**図3**）、それが真のキャリアです。なぜなら、仕事歴だけでは、その人の生き方の全体像をとらえられないからです。

たとえば、ＭＢＡ（経営学修士）を取得するため、内外のビジネススクールに通うなどの学習歴があれば、それもキャリアの一部です。会社での仕事のほかに、プロボノ（各分野の専門家が職業上持っている知識やスキルを無償提供して社会貢献するボランティア活動）などの活動を行った経験歴も、キャリアを構成します。

私は、大学教授に転身する前は、日本航空に勤務していましたが、三〇歳のとき、「知的生産の技術」研究会（通称、知研）というビジネスパーソンの集まりに入会しました。

知研は、日本を代表する民族学者であり、「京大式カード」の生みの親でもある梅棹忠夫先生の代表的著作『知的生産の技術』（岩波新書）に共感した人々による勉強会で、当時、各界の第一人者を講師に招いては、毎回、二〇〇人ほど会員が集まって、講義を傾聴していました。

私はやがて、中心的スタッフの一人として、講演の企画や書籍の出版活動にも携わるようになります。

知研での活動という学習歴、経験歴は、私にとって重要なキャリアとなりました。その後、「図解コミュニケーション」という、新しい分野を開拓することに結びつき、大学教授への転身を呼び寄せることになるのです。

私は、自分の能力を発揮する領域として、二つの領域が必要であると考えます。

第一領域とは本業のことです。

ビジネスパーソンの場合、ほとんどの人は主として仕事によって成長します。仕事に真正面から取り組むことによって、社会や人間の織りなす集団の力学が見えてきます。また、人間に対する洞察力も備わってきます。この第一領域が空洞化していたら、人生は味気ないものになってしまうでしょう。全力をもって仕事に当たるべきでしょう。

一方、第二領域とは、従来は趣味といわれたり、最近では副業といわれたりと、仕事に対するプラスアルファの部分を、付属的な領域ではなく、第一領域と並ぶ重要な領域として積極的に評価するという考え方です。

現代は知識社会と呼ばれます。「マネジメントの父」と讃えられるピーター・ドラッカーが知識社会に求められる人材像を「ナレッジ・ワーカー（知識労働者）」と呼んだように、私たちの社会は、もはやどのような仕事も知識労働の要素が強くなっています。

知識労働には成長や自己実現という要素があらかじめ組み込まれており、日々進歩しているという実感を抱きながら仕事をすることになります。知識労働に従事するものは、進歩が実感できなければ意欲が出ません。

しかし、第一領域での仕事には定年という〝時限爆弾〟がセットされており、そのときを過ぎるとぽっかりとした空白の時間が出現します。このとき、第二領域を育ててこなかった人は空しさを味わうことになります。そこから他の分野に進出しようとしても、知識や経験がないためうまくいきません。そのため、若いときから第二領域を育てていくことが大切なのです。いわば、一本足ではなく、二本足で進む生き方です。今風にいえば「二刀流」です。

私にとって知研での活動は、まさに第二領域に属するものであり、そこで積み上げた学習歴や経験歴は、私のキャリアにとって重要な役割を果たすことになりました。

キャリアは「仕事歴を中心とした学習歴、経験歴の総体」であるとしても、五〇～六五歳の壮年期と六五～八〇歳の実年期では、当然、その構成に違いが出てきます。

壮年期と実年期の境目の六五歳は、どういう年齢なのでしょうか。厚生労働省の調査によると、企業規模や業種にもよりますが、六〇歳定年を定めている企業割合は平均約八〇％となっていますが（六五歳以上一七・八％）、六五歳まで雇用を確保している企業の割合は九九・八％にも上ります。

高年齢者雇用安定法の改正により、二〇二五年には「六五歳定年」が全企業に適用される見込みです。

一方、六五歳という年齢は、企業に勤めるビジネスパーソンの場合、現在の日本では実質的に年金の受給開始時期を意味します。

六五歳になっても、実年期に向け、壮年期の延長線上で「公」の仕事を続ける道もあります。壮年期とは違う仕事を始めてもいいし、社会活動や地域活動などを通じて、壮年期とは違う新たな「公」の世界に入っていくのもいいでしょう。

また、「公」の部分を縮小する、あるいは「公」から離れるなどして、「個」の領域や「私」の領域で学習歴や経験歴を積み上げていくのもいいでしょう。

山を登って、頂上に立ったと思ったら、その山に連なるもっと高い山が見えてくることがあります。尾根伝いにその山に挑戦するのもいい。いったん下山して、別の峰に登るのもいい。それは人それぞれです。

いずれにしろ、大切なのは、自分は何のために生きるのかというテーマを自覚するライフコンシャスな生き方です。人生一〇〇年時代にあって、六五歳でリタイアし、残る三五年は余生として暮らすなどという生き方はありえません。

ライフワークとは、生涯をかけて、人生のテーマを持って続けることがらであるとすれば、二五歳から八〇歳までの青年期、壮年期、実年期は「公」に重点を置いた生き方になる。ただ、それぞれ仕事歴、学習歴、経験歴の構成に違いが出るでしょう。しかし、キャリアは「青年期・壮年期・実年期」の三期にわたると考えるべきなのです。

青年期と壮年期は、「公」の領域が多くを占める点では共通していても、仕事歴も、学習歴も、経験歴もそれぞれ量的にも質的にも異なります。その異なり方はこれから本書を通じて明らかにしていくことになるでしょう。

早期退職もチャンスになる

キャリアづくりは、青年期・壮年期・実年期の三期にわたりますが、青年期の終わりから壮年期にかけての五〇歳前後の時期には、一つの危機があります。

いわゆる、「中年の危機」です。

それは、早期退職という名で迫ってきます。

いま、世界中の多くの業界で市場の急激な変化が進み、それにともなって企業は経営改革や構造改革、組織改革を強いられています。

典型が裾野の広い自動車業界でしょう。ＣＡＳＥ（「Connected（コネクテッド）」「Autonomous（自動運転）」「Shared & Services（シェアリングとサービス）」「Electric（電動化）」）やＭａＳ（「Mobility as a Service＝サービスとしてのモビリティ」）といった、進化の道筋を示す新しい概念が注目され、「一〇〇年に一度」といわれるほどの大変革の時代に突入しています。

自動車産業の構造転換は雇用にも大きな影響を及ぼします。日本と同様、自動車産業が多くの雇用を抱えるドイツの研究機関の推計によれば、部品数の多いガソリン車から少ない電気自動車（ＥＶ）へ転換した場合、自動車関連雇用は半減するとの試算も出ています。

また、多くの企業で、業務へのＡＩ（人工知能）の導入やＲＰＡ（ロボットによる業務自動化・効率化）が進みます。日本でもメガバンクがＲＰＡなどにより、二万人近い人員削減など大胆なリストラ策を打ち出し、大規模な構造改革を迫られています。

そうしたなかで、「早期退職募集」の六文字をメディアで見かけるようになりました。

実際、早期退職を募集する上場企業は増えており、東京商工リサーチによると、二〇一九年に早期・希望退職者を募った上場企業は延べ三六社、対象人数は一万一三五一人と、過去五年間で最多を更新しました。

そのなかには、アステラス製薬、中外製薬、カシオ計算機、キリンホールディングスなど業績好調にもかかわらず、リストラに踏み切る企業も目立ちます。これまで希望退職募集を実施したことのない味の素も五〇歳以上の管理職を対象に希望退職募集を発表しています。コロナ禍の二〇二〇年はさらに拍車がかかり、早期・希望退職者を募った上場企業は九三社、対象人数は一万八六三五人（判明した八〇社）と、募集社数・人数ともにリーマン・ショック直後の二〇〇九年に次ぐ水準となりました。

かつては早期退職者を募集する企業といえば、経営が悪化しているケースがほとんどでしたが、いまではそうとも限りません。早期退職者を募集する企業が増えているのは、一つには、終身雇用という名の長期安定雇用が限界を迎えつつあることが背景にあるのでしょう。

終身雇用は年功序列と並び、日本型雇用制度の特徴とされてきましたが、組織の硬直化や人材の流動性の低下といったマイナス面が問題化し、より生産性の高い雇用制度への移行を模索する企業が増えてきました。

日本を代表する企業であるトヨタ自動車の豊田章男社長も二〇一九年五月に、「終身雇用の維持は難しい」と発言し、二〇二〇年八月には、二〇二一年から一律の昇給を見直して成果主義を拡大することを公表しました。

早期退職者募集の二つ目の要因として、高齢者雇用の問題も背景にあるでしょう。

日本ではいま、年金受給開始年齢の引き上げや受給額の減額、少子高齢化による労働力不足といった問題に対応するため、労働者の就業機会の延長が政策的に進められています。

二〇二一年四月には、前年に改正された高年齢者雇用安定法により、労働者が望む場合には七〇歳まで働ける環境を整備するよう、企業側に努力義務が課されることになりました。

一方、多くの日本企業では、景気のよかったバブル時代に大量採用したバブル世代社員や、人口が相対的に多い団塊ジュニア世代社員が人員構成上のボリュームゾーンとなっています。

バブル・団塊ジュニア世代は、二〇二〇年代には四〇代後半～五〇代前半に達し、管理職への昇進年齢にさしかかると同時に、賃金水準のピークに達します。そこで、業種を問わず、その世代の社員をどのように処遇するかが大きな経営課題となっています。いわゆる、「二〇二〇年問題」です。

将来的に人件費の負担の増加を抑えるとともに、組織内の新陳代謝を促進するため、経営の体力に余裕があるうちに、主に四〇代後半～五〇代前半を対象に早期退職者を募集し、組織内の年齢分布のバランスを調整しようとする企業が増えているのです。

企業による雇用調整。これが外から忍び寄る典型的な「中年の危機」です。

また、最近では多くの企業で「ジョブ型雇用」の運用が始まっています。日本では従来、職務内容を限定せず、ジョブローテーションを通じて幅広い業務を経験させる「メンバーシップ型雇用」が一般的でした。会社が命じる異動や転勤に従わざるをえない一方で、定年までの雇用は保障されました。

一方、ジョブ型雇用は、あらかじめ職務内容や職責を規定した職務記述書（ジョブディスクリプション）を策定し、成果に基づいて評価する。そのため同期入社でも給与格差が広がる可能性が少なからずあります。

企業がジョブ型雇用に転換している背景には、年功序列で画一的な待遇が、ＡＩやデータ分析に長けた優秀な若年層や海外人材の獲得を難しくしていること、優秀な人材が海外に流出しかねないことなどへの懸念があるようです。

ある調査会社が二〇二〇年八月に国内主要約二四〇社を対象に実施した調査によれば、三～五年後にジョブ型雇用を導入する企業の比率は管理職（ラインマネージャー）で三六％から五六％に高まるとの結果が出たようですが、私自身は、経営職や管理職の仕事はジョブ型ではこなせないと思っています。社内外の多様な人々から情報を集めて課題達成や問題解決にあたり、創造性が今まで以上に求められるようになると考えています。

ジョブ型のもとでは、勤務年数に応じて昇給する年功型は否定され、中年世代にとっては、自分より若い世代が上司になるかもしれません。ＤＸが加速すれば、デジタル化への適応力では、中年世代は若い世代と比べ、ハンディキャップが大きいことも否めません。

そして、ジョブ型導入と同時並行的に促進されると予想されるのが早期退職です。終身雇用の機能不全による早期退職の促進は、中年世代に対して、不安定要素をどんどん拡大させていくことでしょう。

ただ、確かに「中年の危機」ではありますが、壮年期を三期にわたるキャリアの二期目の始まりととらえると、違った意味を持つようになります。

外部環境の変化により、会社がこれまでと同じ事業をずっと継続していくとは限りません。自動車業界がその典型でしょう。働き手がこれまで従事していた仕事がなくなるという事態も現実のものとなりつつあります。

であるならば、キャリアの第二期に向けて、自分の人生の棚卸しを行い、人生戦略を立て直し、ライフデザインをし直してみる。その絶好の機会でもあるのではないでしょうか。

「中年の危機」を乗り越えれば「第二の中年の危機」も乗り越えられる

五〇歳前後の「中年の危機」を乗り越えたとしても、壮年期と実年期の境目の六五歳のころにも、危機が訪れます。「第二の中年の危機」です。

昨年、郷里の大分県中津市で久しぶりに開かれた中学校の同窓会に出席しました。参加した旧友たちを観察していると、七〇歳にして意気盛んなのは小さいながらも会社を経営している自営業者や医師たちで、いわゆる秀才タイプでそれなりの会社に進み、定年退職して、いまは何もしていない連中は総じて元気がありませんでした。

経営者や自営業者や医師たちは、壮年期から実年期に入ってからも、地域に根ざしながら、それぞれライフワークを追求し続けているのに対し、覇気のない秀才たちは「公」から離れた途端、学習歴も経験歴も積み上がることなく、「個」としての存在意義があいまいになってしまったのでしょう。

というよりも、それまで「公」の世界で仕事を続けながら「私」の世界はともかくとしても、「個」としての存在意義への自覚が希薄なまま退職に至ったといったほうがあてはまるかもしれません。

だから、六五～七〇歳で「公」の世界から離れると、自分は何のために生きるのかという「個」としての自己を意識することもなく、惰性で日々の生活を送るようになる。

日々の生活でのライフが、生涯を通じての人生のワークにつながることもなければ、次世代に残すワークにもならない。ライフワークの喪失。それが、第二の中年の危機です。

しかし、五〇歳前後で中年の危機を回避することができた人は、第二の中年の危機も回避することができます。キャリア二期目の壮年期の生き方は、三期目の実年期の生き方につながるからです。

その中年の危機を回避し、壮年期に活き活きと仕事人生のなかでライフワークを追求するために必要なのが人生の棚卸しによる「人生鳥瞰図」の作成なのです。

人生戦略を立て直し、ライフデザインを描き直すとき、大きな判断の基準になるのは、「自分にとっての豊かさとは何か」ということです。より豊かな人生を求めて人生戦略を立て直すとき、進む方向をどのように判断し、選択すればいいのか。

それには、経済、時間、肉体、精神の四つのキーワードがかかわってくるのです。

豊かさとは自由の拡大である

私たちの目指すべき生き方とはどのようなものなのか。どのような社会であれ、共通の目標になるのは「豊かな暮らし」でしょう。それは個人にとっても同じで、それを「幸せ」と感じます。

では、豊かさとは何でしょうか。よくいわれるのは、「物質的豊かさ」と「精神的豊かさ」という対比です。モノは豊かになったが、ココロは貧しくなったという議論です。この議論もわかるのですが、人間の生き方はそんなに単純なものなのでしょうか。どこか腑に落ちない感じ、十分にはいい尽くしていない感じがあります。

私は多摩大学に移る前、宮城大学に在籍していたときに、「幸せとは何か」というテーマでエッセイの執筆を依頼されたことがありました。

「幸せとは何か」「豊かさとは何か」と、図解をしながら、三日ほど考えて導き出したのは、「豊かさとは自由の拡大である」という結論でした。そして、「自由」を次の四つの概念でとらえてみました（**図4**）。

第一に思いつくのは、「経済的自由」です。

経済的に自由であるとは、使い切れないほどのお金があることではありません。多少のお金がかかっても、どうしても何かをしたい、買いたいと思ったとき、お金の支出と天秤にかけて、お金がかかるという理由であきらめないですむという程度にはお金があるということです。

次に浮かぶのは、「時間的自由」です。

何かをしたいと思ったとき、ほかにやらなければならないことがあり、やることができないという状態では、時間的自由があるとはいえません。とはいえ、「毎日が休日」という状態は、逆に自由であるとは感じなくなるといわれます。

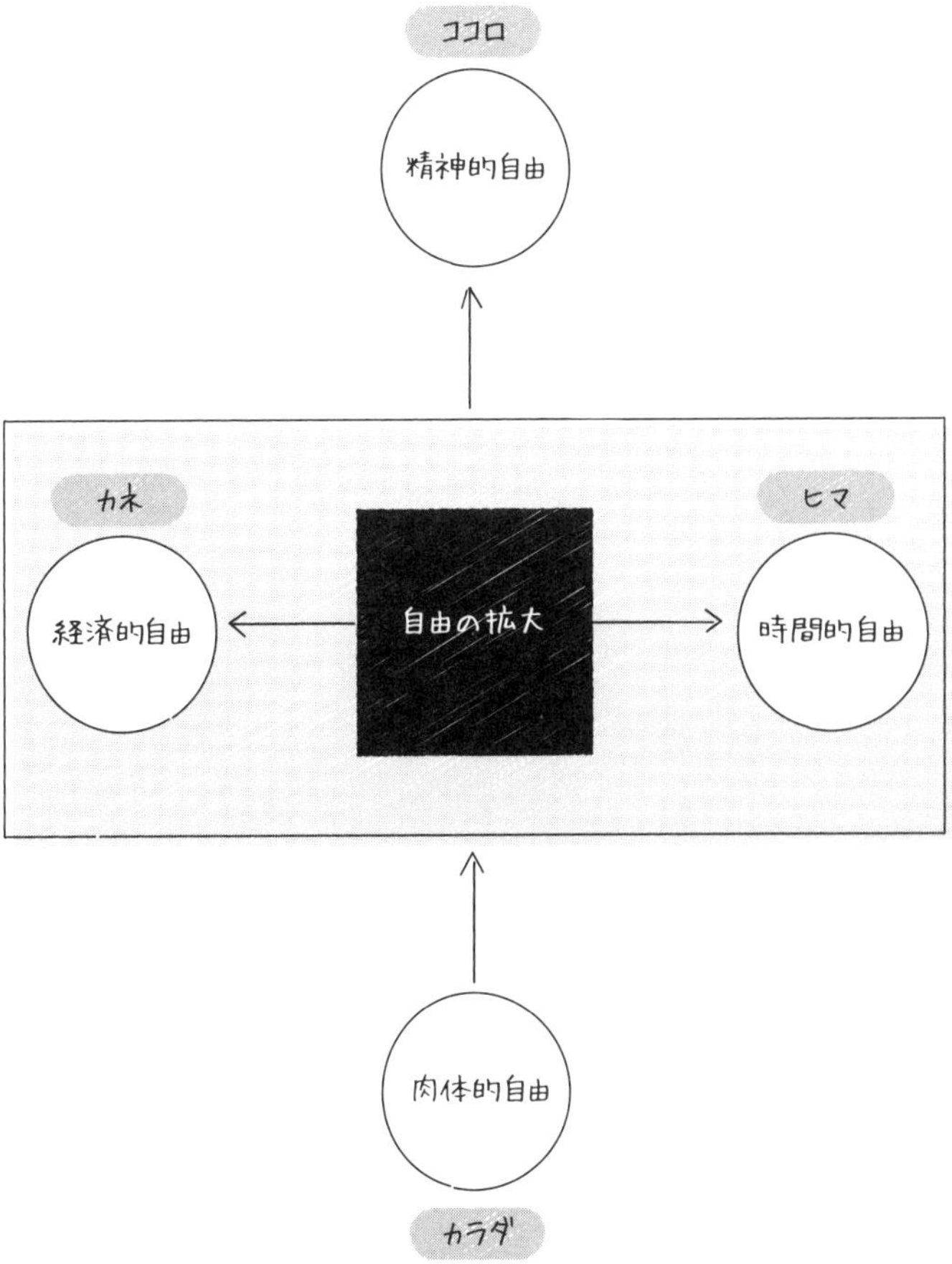

【図4】「豊かさ」とは「自由の拡大」である

やりたいことの優先順位が高いことがらについて、自分以外の事情によって阻害されなければ、時間的自由があるといえるでしょう。

この経済的自由と時間的自由は、実は「肉体的自由」によって支えられています。日常ではあまり意識されませんが、健康は豊かさの基礎的条件にほかなりません。

経済的自由を「カネ」、時間的自由を「ヒマ」、肉体的自由を「カラダ」といい換えると、「カネとヒマとカラダ」が豊かさを示す指標になります。

「カネがあるときゃヒマがない。ヒマがあるときゃカネがない」という言葉があるように、経済的自由を得るためには、時間的自由を犠牲にしなければならないこともあります。リッチ(rich)という英語は、日本語で「金持ち」と訳されます。しかし、カネを使うヒマのない人は、真の意味でリッチとはいわないのだそうです。

そこで、もう一つ、重要な概念があります。「精神的自由」です。精神的自由というと、やりたいことをやる自由、いいたいことをいう自由といったイメージが浮かびます。それ以上に、やりたくない仕事をやらなくてよい自由、いいたくないことをいわなくてもよい自由、会いたくない嫌な奴に会わない自由のほうが大切かもしれません。これが「ココロ」の自由です。

自由を構成する四つの指標を図解しながら、一つの疑問が浮かびました。これらの指標はどのような関係にあるのだろうか。図解が箇条書きと大きく異なるのは、それぞれの要素の関係性を明らかにできることです。

カネとヒマとカラダは実は、豊かさを支える部分ではないか。カネとヒマとカラダの自由で何をするのか。それがココロの自由ではないか。

つまり、人生とは、肉体的自由（カラダ）を土台に、経済的自由（カネ）と時間的自由（ヒマ）を得て、最終的に精神的自由（ココロ）を求める旅である。これが私の結論でした。

この四つの指標のバランスは年代によって変わります。子どもの教育資金が必要な年代は、時間的自由より経済的自由が優先されるかもしれません。その結果、ライフのなかで「公」の占める部分が「個」の部分より大きくなるかもしれません。

また、本社勤務から地方勤務に転勤になることもあります。本社時代より忙しさが緩和されると、時間的自由が増え、結果的に「公」の部分は一時的に小休止して、「私」や「個」の世界が広がるかもしれません。

本書で特に注目したいのは、壮年期に入るうえでの人生戦略、ライフデザインです。

豊かになるということは、自由が拡大することである。「中年の危機」を迎えるなかで、今後訪れるであろうピンチやチャンスに立ち向かうとき、「豊かさとは自由の拡大である」という指針を念頭に、四つの指標について、自分なりにどれを優先するかというバランスをとりながら、人生戦略を立て、現在と未来の自分のライフデザインを描く必要があるのです。

「二勝一敗一分け」だった大学教授への転身

前述したように、私は一九九七年、四七歳のときに大学教授に転身するまでは、日本航空に勤務していました。最後の役職はサービス委員会事務局次長でした。ここで、私の転身について、自由を構成する四つの指標から読み解いてみたいと思います。

日本経済はバブルがはじけて、一九九一年ごろから急速に悪化していました。

日本航空も湾岸戦争（一九九一年一〜二月）の影響で海外旅行客が激減、また、全日本空輸が国際線に進出し、アジア各国の航空会社は安い賃金にものをいわせるので競争が激烈になり、五〇〇億円の赤字を出すなど窮地に追い込まれました。採用数の極小化、外国人乗務員の雇用増加をはじめ、リストラ策が続けざまに打たれるようになりました。

社内の危機感が高まり、社運をかけた改革を行わざるをえない状況になります。

大企業病が蔓延した官僚体質を払拭し、顧客サービスを第一とした競争力のある会社に生まれ変わらなければならない。日本航空の抜本的な改革を断行するための委員会が設置されます。リストラを使命とする構造改革委員会とともに、本業の復権を使命として設置されたのが社長直轄組織であるサービス委員会で、私はその事務局に入りました。

異動を内示されたとき、私は、この委員会での仕事は非常に難しいものになると予感しました。社内からは、うまくいくはずがないといった冷ややかな視線が向けられていました。いままでのビジネスマン生活で磨いた能力と、その間に培ってきた人間関係の総力を挙げて取り組まなければ、必ず失敗するだろうと緊張したのを覚えています。

まさに、行く手も定かでない航海に海図なしで出航するという感じでした。

サービス委員会に入る前、私は一九八六年から広報部に所属していました。当時、それまで半官半民だった日本航空は一九八七年の完全民営化に向けた準備を進めていました。社内コミュニケーションを改善し、各種専門集団の寄せ集めでバラバラだった社内をまとめ、一つの方向に持っていくための社内広報も私の担当する仕事でした。

その一方で、私は仕事と並行して、知研の活動も続けていました。広報部にいたころには、知研の活動の一つの成果として、「図解コミュニケーション」という考えが熟していました。

詳しくは次の章で述べますが、広報部に移る前、客室本部業務部にいたときから、仕事に図解を用いて効果を発揮していたので、図解の威力は実感していました。

図解は、比較的多量の情報を迅速かつ的確に伝えることができます。

そこで、毎週月曜日の朝に発行する週刊社内報に「図解日本航空」というページを設けて、図解を三〜四つ載せ、やさしい文章で会社に関するあらゆる情報を紹介することにしました。社長の動き、現場の動き、経営の意思決定の仕組み、人事体系、各部署の仕事、会社の社会貢献活動、厚生問題などの社内情報から、航空行政、航空事情、旅客・観光事情、航空機の発達の歴史まで、幅広く多彩に取り上げました。

これを読んでいると、社員の誰もが、知らず知らずのうちに日本航空の全体像と、そのなかでの自分の部署や自分の仕事の位置づけが理解できるようになることをねらいました。この「図解日本航空」は大変よく読まれました。

在任中に約二〇〇号まで出し、載せた図解は五〇〇図以上に達しました。図解がどれだけ効果を発揮するか、その実験台として週刊社内報を使わせてもらうことができたと同時に、この経験により、図解を作成する能力が格段に向上し、図解コミュニケーションという考え方に対して大きな自信を得ることができました。

そして、従来積み上げていた理論に実際の経験を加えて、『コミュニケーションのための図解の技術』（日本実業出版社）という本を出版するに至ります。この本はビジネス書として異例の売れ行きになります。

この本を、経営学者で、ドラッカーの紹介者として著名な多摩大学学長（当時）だった野田一夫先生が読まれたことで、私の人生は大きく変わっていくことになります。「この本は教育に応用できる方法である」と考えられた野田先生から、私は新設準備中だった宮城県立宮城大学の教員にならないかと誘われたのです。四四歳のときで、大学は三年後に開学が予定されていました。

私は日航のサービス委員会で事務局次長として改革を推進している最中でした。当然、学問的な研究業績はありません。あるとすれば、ビジネスマンとしての仕事の経験と、知的生産の技術を学んだこと、そして、自ら開発した図解コミュニケーションの理論と技術でした。

ただ、知研での活動経験から、大学で教育や研究に携わることへの興味はありました。書籍を書くことにも魅力を感じていました。

私は日航にいることにまったく不満はありませんでしたが、この際、まったく新しい世界に飛び込んでみようと、教職への転身を決意し、野田先生の要請を受け入れました。野田先生に

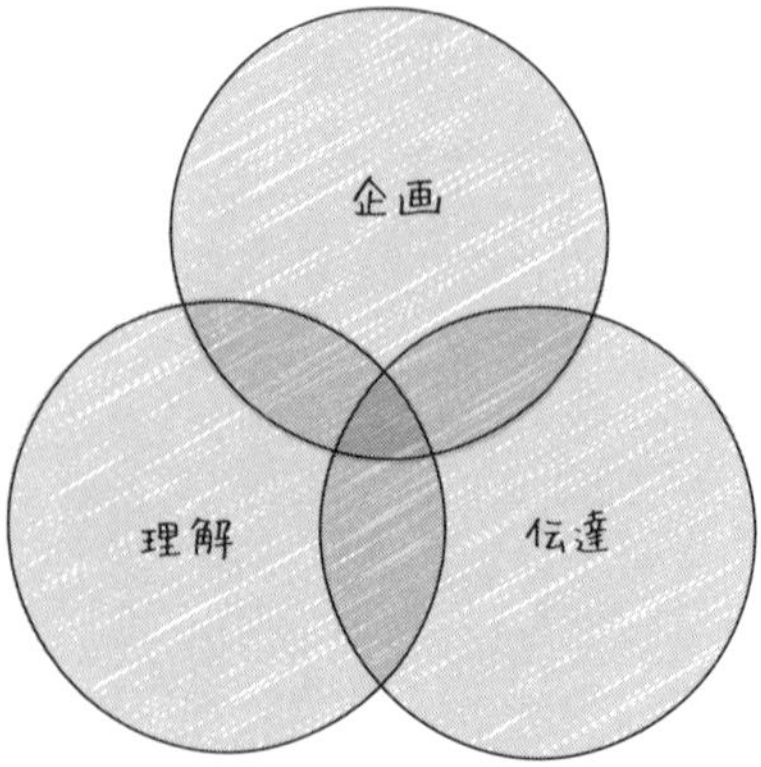

【図5】コミュニケーション能力の３要素

は、わざわざご自身で来社されて、社長に直接、私の転職の要請をしていただいたのです。

妻は反対はしませんでしたが、少なからずショックを受けたようです。それでも、私の決断を受け入れてくれたことには感謝のしようがありませんでした。長女と長男、二人の子どもは仙台の学校へ転校することになりました。

このとき、私はまだ、「豊かさとは何か」について考察はしていませんでしたが、いまから振り返ると、この転身は私にとって、自由の拡大を意味したように思います。

四つの指標で考えてみましょう。収入はダウンになります。自由になる時間は増えます。健康面では特に変化要因はありません。何より大きかったのは、図解コミュニケーションという、自分で開発した方法論について研究し、教えることができる自由を得たことでした。

社会で働くうえで最も必要なのはコミュニケーション能力

である。その能力は「理解する（理解力）」「考える（企画力）」「伝える（伝達力）」の三つの能力で成り立っていることを長いビジネスマン生活から確信していました（**図5**）。

理解力とは、収集した情報の本質やポイントを理解する力です。

企画力とは、自分の頭で新しい考えやアイデアを生み出す力、つまり、収集した情報をもとに付加価値のある情報を創造する力です。

伝達力は、その情報を相手に的確に伝える力です。要はこの三つの能力の育成方法を考えればいい。これは私がビジネス経験と知研で学んだことであり、それを大学で後進に教えていく。

ただし、この三つの能力は座学で知識として教えられるようなものではない。知的生産の技術は、自分で経験しながら身につけるものである。必然的に私の授業は実習が中心になるだろう。それこそ、私の能力を存分に発揮できる授業になるだろう。私は大学教授としての仕事に期待で胸を膨らませました。

経済的自由は減少。肉体的自由は不変。研究者として最も必要な時間的自由と精神的自由は大きく増大する。日航から大学教授への転身は、合わせると二勝一敗一分けの〝勝ち越し〟で自由の拡大、すなわち、豊かさは増えることになります。

こうして、年齢的には四七歳から、青年期に培った知識と積み上げた経験をもとに、壮年期に向けた新しいキャリアづくりのスタートを切ったのです。

その後、私は二〇〇八年、五八歳のときに多摩大学へと移りました。このときは、収入は変わらない、健康面での条件も同じ、多摩大学は私立大学なので、時間的自由と精神的自由は宮城大学時代より拡大する。合わせると二勝二分けで、やはり自由は拡大することになります。

ライフデザインとは、その後の人生をより豊かに充実させるためのものです。自由を構成する四つの指標のどれがどのように増減するかという視点は、壮年期に向けて人生戦略を立て、ライフデザインを描くうえで大きな判断材料になるのです。

本書は、おおむね四〇代前半～五〇代前半からの人生戦略の立て方を紹介します。読者の皆さんは、実際に手を動かし、人生戦略を立てながら、読み進めることになります。

目の前には、先行きの見通せないうっすらとした暗闇が広がっている。その暗闇を前にして、一人たたずんでいる。私は、ライフデザインの考え方を紹介するにあたり、この感覚を読者と共有したいと思います。

なぜなら、自らのライフデザインを描くことは、どこかにある、あなたのいるべき居場所にあなたを誘うことでも、私の考えをあなたに押しつけることでもなく、あなた自身で、先の見通せないこの暗闇のなかを進むことになるからです。

佐藤一斎という江戸時代の儒学者がいます。門弟三〇〇〇人といわれ、幕末・維新の英傑たちに大きな影響を与えました。西郷隆盛も一斎の書物を繰り返し読んでいたといわれます。

佐藤一斎は、次の言葉を残しています。

「一燈を提げて暗夜を行く。暗夜を憂うことなかれ。ただ一燈を頼め」

この言葉通り、いまの時代は自分自身で「一燈」を掲げ、前へ進んでいかなければならない時代です。

しかし、これはチャンスであるともいえます。「一燈」＝「志」を持った者のみが前へ進むことができるからです。そのライフデザインを描くために、本書では人生鳥瞰図という図解の手法を用います。

読者自身の人生鳥瞰図の作成は第4章および第5章で行いますが、その前に、なぜ図解するとものごとの本質が明確になるのか。図解の基本について、自分の仕事を図解するという「仕事図」を実際に作成しながら紹介したいと思います。

第3章

「図解」の基本を学ぶ
——自分の仕事を図解する

「文章至上主義」と「箇条書き信仰」から脱しよう

この本の目的は、人生鳥瞰図を作成することによって、自分の人生の棚卸しを行い、壮年期に向けて新たな人生戦略を立て、ライフデザインを描くことにあります。

人生鳥瞰図の作成の仕方については第4章、第5章で述べますが、そこで紹介するのは、人生鳥瞰図の基本的なモデルです。自分の人生鳥瞰図は、それを参考にしながら、自分で描いていくことになります。

そこで、必要になるのが、「図解思考」です。

図解によって、ものごとの全体の構造をとらえ、何が本質的に重要であるのか、ものごとの本質的な意味を明らかにするのが図解思考です。

一般的に ものごとを簡潔に整理して理解したり、考えたり、相手に伝えようとしたりするときに、多くの人が用いるのが文章と箇条書きです。しかし、文章はごまかしがきく。そして箇条書きでは大小、重なり、関係がわからない。

会社内で次々と作成される報告書、企画書、稟議書、連絡書など、「書」と名のつくものは、おおよそすべてが文章化されています。社会に出て仕事をするうえで、「文章を上手に書けることが重要なスキルである」と、少しも疑わずに仕事をしていた人が大部分でしょう。

しかし、文章を書き、それをもとに議論すると、細かな言葉の使い方などに深入りすることになって疲労し、徒労感に襲われることも多い。「文章至上主義」といってもいいでしょう。

また、書いた本人も、ものごとを構成する「重要なポイント」などを箇条書きにすると、わかりやすく整理されたような気がするので、箇条書きを自明のこととして多用してしまう。「ビジネス文書は箇条書きにするもの」と信じて疑わない。これはまさしく「箇条書き信仰」といってもいいでしょう。

的確に「理解し、考え、伝える」ことができるというビジネスの基本的な条件を満たすうえで、箇条書きには大きな欠点があるのです。

それは、ひと言でいえば、箇条書きで列挙された各要素の関係性が明確に示されないということです。それぞれの要素がどうつながり、全体とどんな関係があるのかが不明確である。それが、的確に理解し、考え、伝えることを阻害してしまう。

「文章至上主義」と「箇条書き信仰」から脱却することが必要です。

「図解」は各要素の関係を明示できる

私は、あるビジネス雑誌で、名経営者にインタビューし、経営戦略を図解するという連載を持ったことがあります。セコムの創業者である飯田亮氏（取締役最高顧問）は、まさに「脱・箇条書き」の図解思考の経営者でした。飯田氏はこういいます。

「事業を始めようとするときには、発想、人材、社会とのかかわり、資金など、さまざまな課題が浮かび上がります。そこで、こういう問題がある、ああいう問題があると、列挙してみたところで仕方がない。箇条書きでは体系化してものを考えられない。相互の関係がわからないし、あれもこれもとポイントを書き加えていくうちに混乱して、優先順位がわからなくなってしまう。第一番目はこれ、第二番目はこれ、第三番目はこれとやるわけですが、単純に列挙しただけではつながらない。斜めのものとつながったりするのが普通だからです」

そこで図解が登場します。

「箇条書きだと受けるほうも混乱してしまうから、思考停止に陥らないように、ものごとの関係を図でとらえ、大きいもの、小さいもの、前後の関係、因果関係などを解析していかなくて

はなりません」（飯田氏）

つまり、各問題間の関係を示してある図解で仕事に取り組めば、中身が膨らみながら発展していくということでしょう。

図解の第一の特徴は、要素の大小や、どれが原因でどれが結果なのか、あるいは、どこが共通点で重なる部分なのか、といった各要素の関係性が明確になることです。

私はこれまで、ビジネスパーソンや公務員を対象に図解の研修を数多く行ってきました。対象者のほとんどは、文章による情報伝達や箇条書きに慣れ親しんだ人たちでした。彼らが図解の研修を受けて、最初の反応で最も多いのが「驚いた」という感想でした。

「図解で示すと文章で書くより、全体や個別のものごとの一連のつながりなどが、こんなに簡単に表現できるものかと驚きました」「表現力の大きさに驚かされました」といった声が、こちらも驚くほど聞かれました。文章至上主義と箇条書き信仰の人々にとって、図解によって「つながりが見える」「つながりを表現できる」という発見は、まさに驚きだったのでしょう。

図解することは、けっして難しいことではありません。簡単にいえば、マルと矢印が描ければ、年齢や学歴、教養のいかんにかかわらず、誰でも図を描き、図を使うことができます。

図解は、仕事やプライベートなことで何か問題が起きたときにも活用できます。

まず、白紙を用意し、問題点を真ん中に書き、そのまわりに思いつくままに関係する項目を書き込んでいきます。

そして、「これとこれはどう結びつくだろうか」「AとBではどちらの重要度が高いだろうか」などと、マルで囲んだり、線を引いて結びつけたり、矢印を描いたりしながら考えてみます。手を動かしながら、紙の上でいろいろとシミュレーションをしていると、ものごとを具体的に考えながら、本質的に大切なことは何かがわかるようになり、頭のなかで悶々としていたのがウソのように、あっさりと解決策が見つかることが多いのです。

人と議論をするときも同様です。相手と自分のいい分が対立しているとき、紙に論点の全体像を描きながら、その論点についての相手のいい分と自分のいい分について図解してみる。すると、どの部分が共通点で、どの部分が対立的かが明確になり、歩み寄りが可能なポイントが浮かび上がってくる。それを提案すると、相手も納得してくれることが多いのです。

それぞれの部分を結びつけることによって全体像が浮かび上がる。あるいは、全体の構造を描いてみることによって、それぞれの部分が意味づけられる。「木を見て森を見ず」ではなく、図解は「木を見て森を見る」と同時に「森を見て木を見る」ことができるようになり、しかもひと目でわかるようになるのです。

仕事を通じてわかった図解の威力

私が日航に勤務していたころ、図解の効果を実感するに至ったいきさつをお話ししましょう。ビジネスにおける仕事とは、すべてコミュニケーション活動で成り立っている。それが、私が仕事をとおして導き出した結論でした。

メーカーを例にとっても、まず、開発部門は顧客のニーズや声を聞いて製品を開発します。製造部門は関係各部門との調整が不可欠です。購買部門は取引先とのコミュニケーション活動抜きには仕事ができません。宣伝・広報は文字通り、コミュニケーション活動が仕事です。人事部門は社内の人材と人に付随する情報をタテ・ヨコ・ナナメに流動化させるためのコミュニケーション活動を行うセクションです。その他の間接部門も「社内顧客」とのコミュニケーション活動によって業務が成り立ちます。経営者は社内におけるコミュニケーションによって情報がうまく対流しているかどうかを常に点検し、整備するためのコミュニケーション活動を行っているともいえます。

では、そのコミュニケーションのツールはといえば、日航においても、〝文章地獄〟の世界でした。文章地獄という極端な表現をしたのは、私自身、上司との間で不毛な「てにをは論争」を繰り広げる日々を余儀なくされたからです。

私が作成する文書について上司は、「て・に・を・は」の使い方から句読点の打ち方まで、直しを入れようとする。上司は、部下の書いた文章に直しを入れることが自分の役割であると思っている。文章の内容についての本質的な議論はない。決裁の権限は上司が持っているので、従わざるをえない。どの部署に異動しても、同じような上司がいて、その繰り返しです。

こんなに生産性の低いままでいいのかと、疑問を抱き続けました。

そこで、文章ではなく、図解を使ってはどうかと思いついたのは、三〇代前半に、客室本部業務部へ異動になったときでした。客室乗務員の人員計画から労務までを担当する部署です。労使交渉で会社側の末席に連なる立場になりました。

当時、客室乗務員だけでも二つの組合がありました。経営側と対立路線をとるA組合と協調路線のB組合です。二つの組合とそれぞれ交渉して労働条件を決めていくのは心労が多く、実に忍耐のいる仕事でした。私はたちまち、修羅場に放り込まれたような状態に陥りました。

労使交渉の相手となる各組合の委員長は、会社の経営のこともよく勉強して知っています。私は団体交渉で会社側の末席に座り、交渉のやり取りを筆記するのも役割でした。

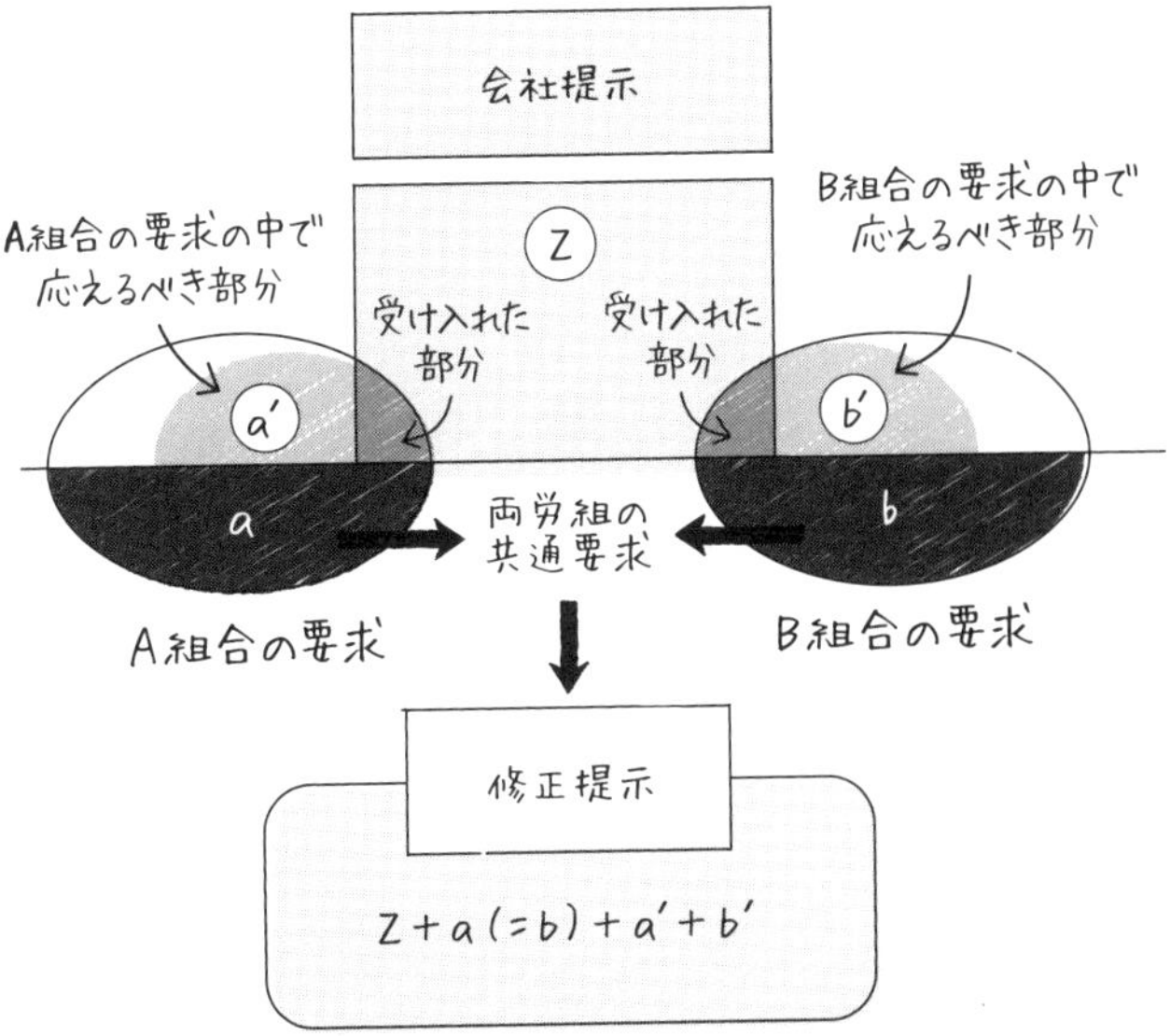

【図6】労使交渉

それぞれの組合の要求を受けて、会社として再回答するときは、関係者が集まって議論します。いろいろと意見が噴出して、なかなか結論が出ません。みんな沈黙してしまって、天井を見上げて、思案《しあん》投《な》げ首《くび》の体です。

この状態を打開するため、私は図解を用いて回答案を提案してみました（**図6**）。A組合の要求、B組合の要求、会社提示の受け入れ許容範囲の三つの囲みを描いて、重ね合わせるとその一部分が重なります。この重なった部分は無条件で受け入れてよい部分です。

それに加え、両労組が共通して要求している部分、さらにプラスアルファとして、A組合の要求の一部分、B組合の要求の一部分を受け入れてはどうかと図を示し、その下に要求を文字で書き入れて提案しました。

この図を見た経営側の交渉担当者たちは納得し、私の提案は一発でとおりました。

「君、なんでもっと早くこの図を出さなかったのか」と上司にいわれたものです。

私はこのとき、図解の威力を知りました。もし、これを口頭でいったり、文章に書いて提出したりしていたら、意図がよく伝わらず、受け入れてもらえなかったでしょう。

完全民営化に向けた広報部時代の取り組みでも述べたように、以来、図解を適宜使うことで、仕事がすべてうまく回るようになりました。その成果が『図解の技術』となって結実し、大学教授への転身を導くことになったのです。

あなたの仕事を「図解」してください

図解思考の説明に続いて、図の描き方の基本について述べましょう。

「あなたの仕事を図解してください」

私は、官公庁や企業でビジネスパーソンや公務員を対象に、「自分の仕事図をつくる」というテーマの図解研修を数百回担当してきました。参加者全員に、自分の仕事を図解するという課題に取り組んでもらうのです。

最初に少し考えてみてください。あなたは自分の仕事を図解できそうですか。

自分の仕事は自分自身が一番よくわかっているはずです。ところが、受講者は最初は簡単だと思って、いざ図を描こうとした途端、はたと行き詰まってしまう。うまく表現できない自分に気づく。私が「毎日している仕事だから簡単でしょ」と聞くと、失笑が漏れる始末です。

それが、三〇分も経つと、図解に没頭している自分がいる。自分は仕事の全体像をつかんでいなかった。毎日の業務を意識的には遂行してこなかった。仕事に対していかに自分がよく理解していなかったか、関係部署との関係がうまくいっていなかったか、顧客や社会への意識が欠如していたか……等々、一つひとつ考え抜いている自分に気がつくのです。

それがこれまでこの研修を受講した方々に共通する反応でした。

本書のテーマは、壮年期に向けた人生戦略を立て、ライフデザインを描くため、人生鳥瞰図を作成して、自分の来し方行く末を明らかにすることですが、まずは、自分の仕事の図を描いてみることから始めたいと思います。その過程で、図の描き方の基本を学びながら、「個」としての自分をはじめ、さまざまなことを発見していくはずです。

仕事の図を描くための基本を説明します。

用意するのは、A4サイズの用紙と鉛筆、消しゴムです。パソコンを使う場合もありますが、手描きのほうが思いどおりに描けます。パソコンのほうが見かけはきれいな図が描けますが、スペースのなかに収めるために文字数が制限され、それに合わせるため、短く箇条書きにしてしまいがちで、箇条書き信仰が頭をもたげてしまいます。

鉛筆を使うのは、描いては消し、また描いては直しと繰り返し、少しずつ進化させることができるからです。濃いめの鉛筆がおすすめで、消しゴムも必需品です。

用紙は横向きにします。横向きのほうが空間が広く感じられ、思考も自由に広がりやすくなります。仕事図の場合、縦向きにすると、上から下へ、あるいは下から上への一方的な流れしか描けなくなり、思考が縮こまる恐れもあります。基本は横向きがお勧めです。

研修では、各自、「私」を真ん中に置いて考えてもらいます。つまり、世界の中心が自分であると考えて図に取り組んでもらうのです。

組織の一員、会社の歯車、上司の引き立て役ではなく、すべてにおいて自分を中心に置いて考えてみる。仕事図においては、〝ジコチュウ（自己中）〟でいいのです。碁でいえば、天元に自分を打つのです。

すると、「自分から見たら、課の仕事はこうなっている。こう見える」「会社はこう見える」「世の中とこうつながっている」……等々、自分と周囲、さらには世の中の動きとの関係性が見えてくる。そうなると、仕事の図解は俄然面白くなってきます。

仕事とは、世の中と自分とをつなぐ仲立ちをしてくれるものであり、仕事の図解とは、自分の位置から世の中はどう見えるかを描くものにほかなりません。

反対に悪い例としてありがちなのは、会社の組織図を描いて、自分の位置を示すパターンです。「○○会社××事業本部△△部□□課主任」といった名刺の肩書きが示す組織図をそのまま描いて、自分の部署をマルで囲んで「私の仕事」にしてしまう。

これでは、絵に描いたような「組織の歯車」です。

組織とは、組織図と業務分掌で成り立っていると考えがちですが、けっしてそうではありません。組織とは、社員一人ひとりの「私の仕事」の集大成なのです。そこには、活き活きとした「個」の息づく世界があります。同じ組織、同じ肩書きであっても、別な人が描けば、仕事図も違ってくるはずなのです。

すべてはマルと矢印で表現できる

図解で使う記号は基本的には、マルと矢印です。

仕事図では、部署名、仕事の内容、商品、取引先……などの各要素と要素間の関係性を描き表していきますが、それにはマルと矢印があれば十分なのです。四角を使う場合もあるかもしれませんが、マルの変形だと考えればいいのです（**図7**）。

自分の仕事の要素を書き出したら、共通項のあるもの、似たような内容や性質を持ったものごとにまとめて、ぐるっとマルで囲みます。そのマルにタイトルをつけます。共通項や類似性がひと目でわかるキーワードがタイトルになります。

これで一つのブロックができます。いくつかのブロックができたら、それぞれの大きさを考えます。売り上げの大きいものや中心的な仕事は大きなマルに描き直します。このブロック同士で、互いの関係を考えていくのです。

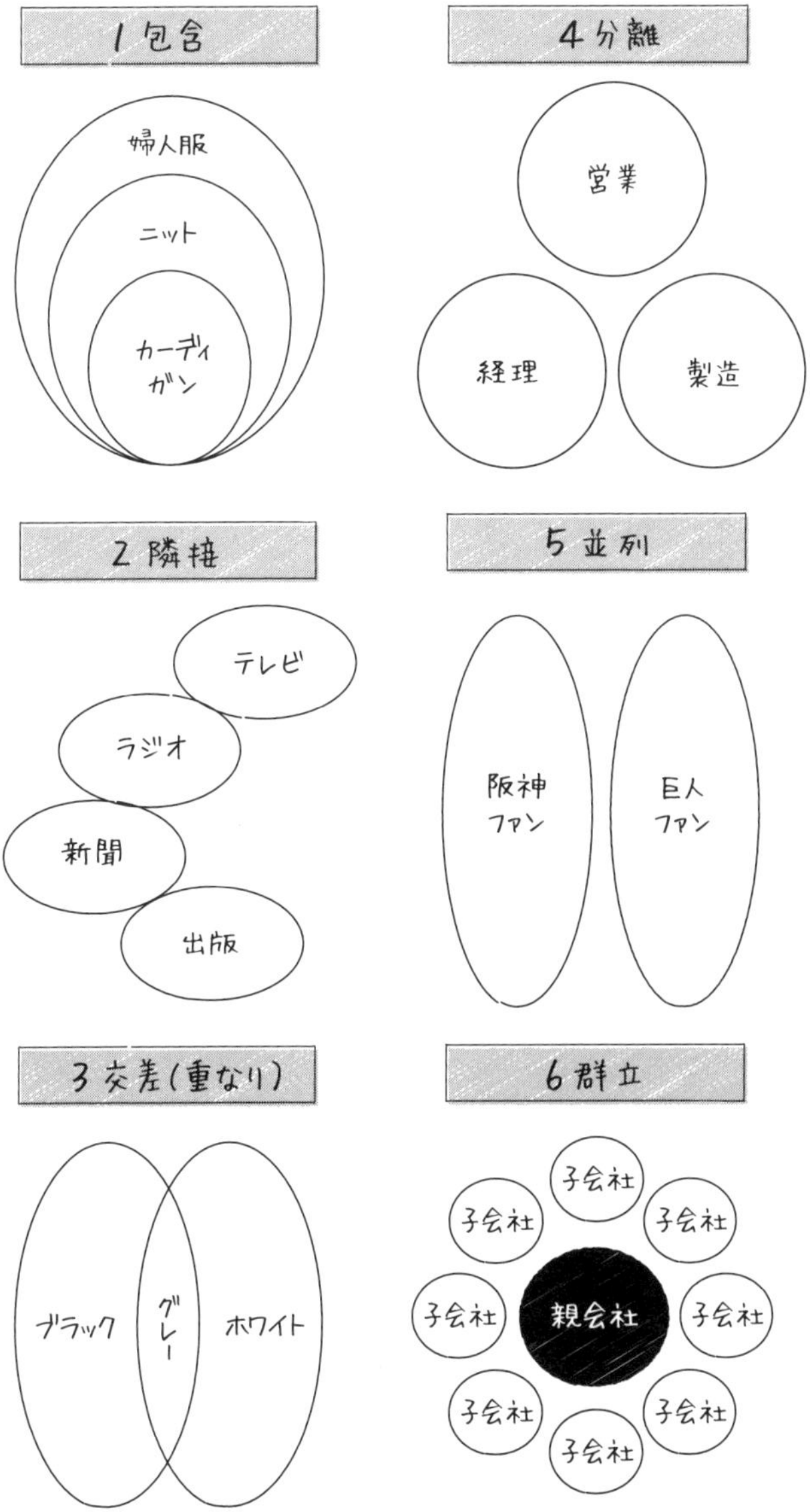
1 包含
婦人服
ニット
カーディガン
4 分離
営業
経理
製造
2 隣接
テレビ
ラジオ
新聞
出版
5 並列
阪神ファン
巨人ファン
3 交差(重なり)
ブラック
グレー
ホワイト
6 群立
子会社
親会社

【図7】マルの使い方

このマルの配置の仕方で、それぞれの関係・位置・構造などを表現します。大きなマルが小さなマルを含む構造の「包含」、隣り合う「隣接」、重なり合う「交差」、それぞれ独立した関係を表す「分離」、対比を示す「並列」、親会社と子会社の関係のような「群立」など、さまざまなパターンで構造が表現できます。

ちなみに、四角より、マルのほうが印象がソフトになり、人に受け入れられやすくなります。マルと四角を混在させる場合も、マルはマル同士、四角は四角同士で、同じレベルの概念で統一することが大切です。

マル同士の配置や構成がある程度決まったら、それぞれを矢印でつないで関係性を表します（**図8**）。矢印の使い方で、「連続性」「場面の展開」「思考の流れ」「対立」「双方向性」「拡散」「収縮」など、さまざまなパターンが表現できます。

図解「私の仕事」三つの注意点

仕事図を描くうえで、特に注意しなければならないポイントが三つあります。

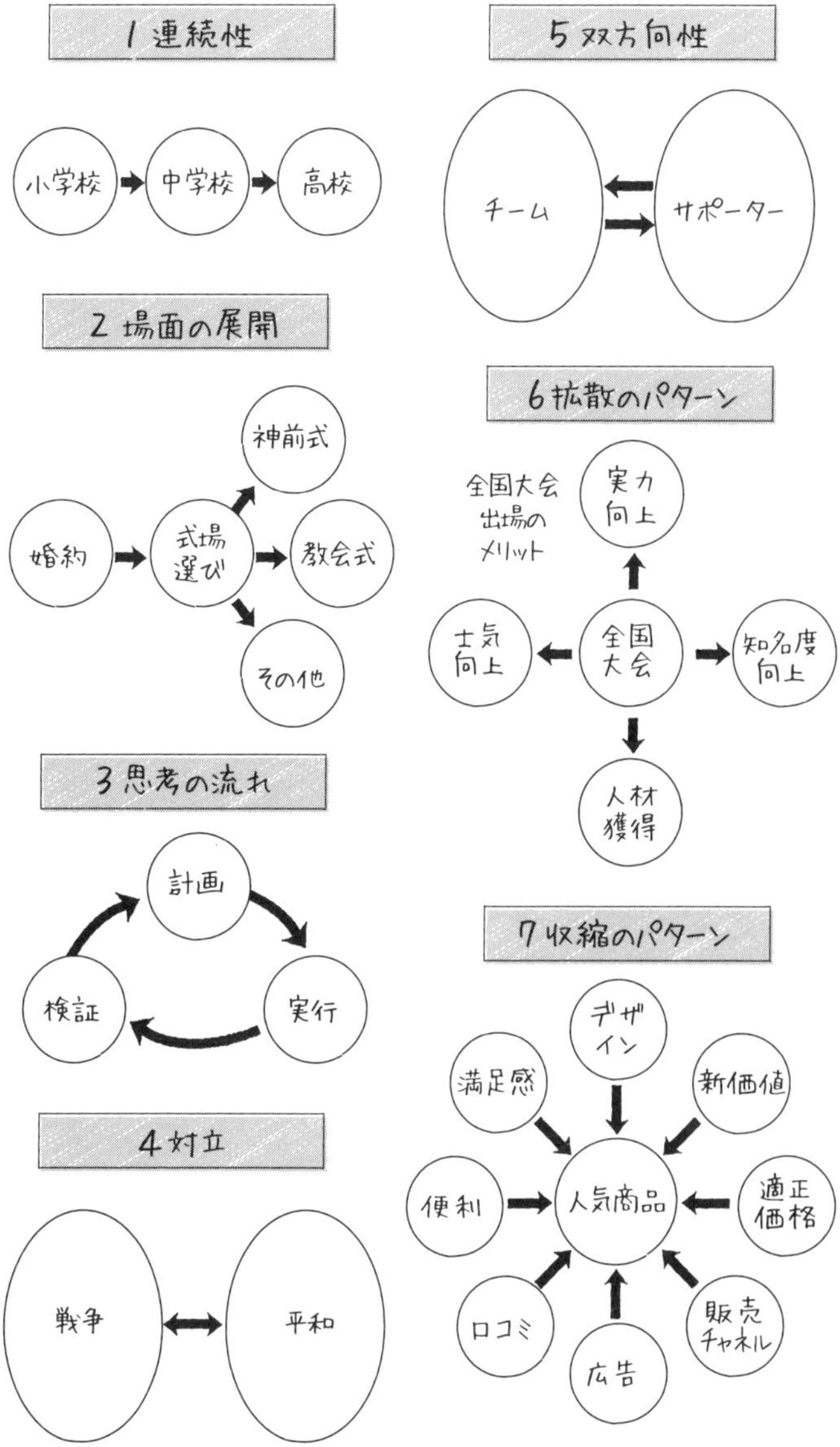
1 連続性
小学校
中学校
高校
2 場面の展開
婚約
式場選び
神前式
教会式
その他
3 思考の流れ
計画
実行
検証
4 対立
戦争
平和
5 双方向性
チーム
サポーター
6 拡散のパターン
全国大会出場のメリット
実力向上
士気向上
全国大会
知名度向上
人材獲得
7 収縮のパターン
デザイン
満足感
新価値
便利
人気商品
適正価格
口コミ
広告
販売チャネル

【図8】矢印の使い方

第一に、「箇条書きにしない」ことです。

図解は箇条書きで表せないことを表すためのものです。ところが、箇条書き信仰から抜け出せないと、図解でも箇条書きを入れがちです。

たとえば、自分の業務が「原価計算」「見積書・請求書作成」「納品スケジュール管理」であったとしましょう。あまり考えずに描き始めると、図のなかでも箇条書き的に羅列してしまうわけです。

そうならないためには、どの業務が大きなウェートを占めるのかなどを考えることです。

さらに、重なり合う部分はないかと自分に問いかけることで、単なる羅列は避けられるはずです。その際、共通するキーワードを見つけ、マルで囲んでいくこともポイントになります。

たとえば、原価計算と見積書・請求書作成には重なり合う部分があり、ここに「経理と連携する仕事」というキーワードを見つければ、経理部と相互の矢印でつながるかもしれません（**図9**）。このようにキーワードを見つけると、仕事図の完成度は格段に高まるし、誰が見ても理解しやすくなります。

二つ目のポイントは、自分の仕事について、「まったく知らない人が見てもわかる図を描く」ことです。つまり、その業界のことも、自分の会社のこともまったく知らない素人に見せるこ

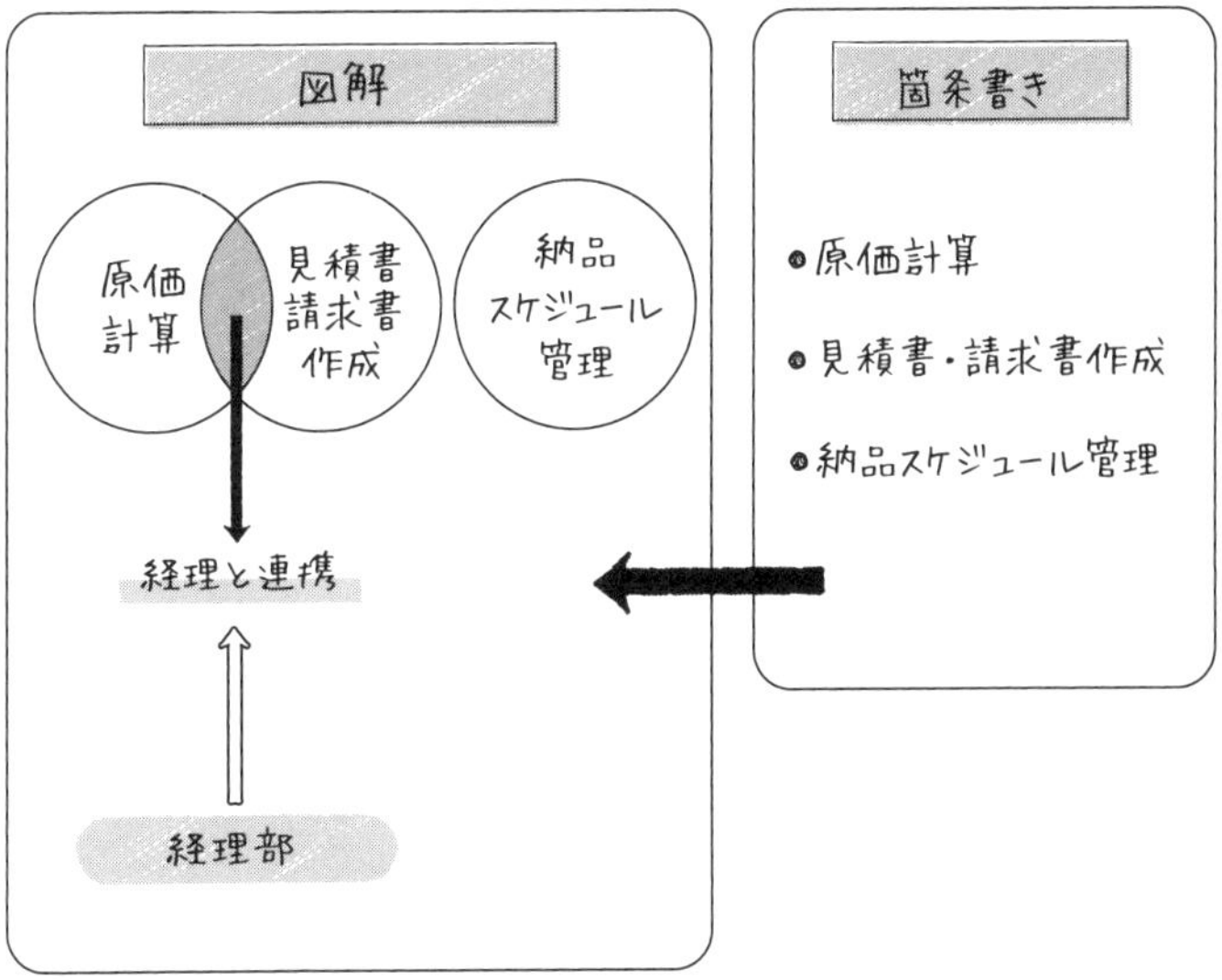

【図9】図解と箇条書きはこんなに違う

とを想定して描くことです。

具体的には、社内や業界内だけで通用する言葉や難しい専門用語はかみ砕いて説明する。専門用語や官庁用語は、一種の「方言」なのです。

それは、図を見る第三者のためだけではなく、自分自身の気づきのためでもあります。

自分が日常的に使っている専門用語や一般的でない難解な言葉のなかには、単にわかっているような気になっているだけのものもあります。それを一般の人にもわかるように説明しようとして、本当はあいまいにしか理解していなかったと気づくことは少なからずあります。

あるいは、社内用語や社内の慣例を説明しようとして、それが自分の会社では常識であたりまえであっても、一般社会には通用しにくいことにも、改めて気づかされることもあります。

私の知り合いのある編集者は、「原稿を読むときは、中学二年生になったつもりでわかりにくい点を探す」といっています。

大人のビジネス社会では、往々にして、「相手もわかっているだろう」ということを前提にして議論が進んだりします。

わかりやすい図を描くには、見る人は知らないのが当然という前提に立って、自分の図を客観的にとらえ、第三者の目になって、わかりにくい部分を見つけ出すことです。

ある電機メーカーで研修したときのことです。部品の修理を担当する社員が自分の仕事図にその部品名を書きました。その社員にとっては、「部品＝自分の仕事」だったわけです。

そこで、「何の部品か」と聞くと、冷蔵庫の部品だといいます。「では、冷蔵庫はどこにあって、何のためにあるか」と質問していくと、「あ、そうか」と気づき、「家庭にあって、人々の豊かな暮らしのためにあります」という答えが出てきました。

注意すべき三つ目のポイントは、自分の仕事にとっての「最終消費者を忘れずに描く」ことです。「最終消費者」は「最終顧客」とも呼ばれます。英語でいえば、エンドユーザーです。

ところが、実際に研修を行うと、仕事図に最終消費者が描かれないことがよくありました。

驚いたのは、公務員に仕事図を描かせても、「住民」が出てこないケースが少なからずあったことです。ある市役所の職員の描いた図が、県庁やＪＡ（農業協同組合）の担当者とだけつながっていて、何をしている人なのかわからないこともありました。

原因は、目先の仕事にばかり目が向けられて、視野が狭くなり、自分の仕事の本質的な意味や目的が見えていないことにあります。

市役所の農業関係の部門であれば、自分の仕事は、農業の発展に貢献することで農業に従事する人たちの生活を守るとともに、生産物によって国民の豊かな食生活を実現することにあるといった意味や目的があるはずです。

そうした構図が描かれたうえで、市長が掲げるビジョンや市政のあり方、市全体の組織との関係性が描かれれば、きわめて完成度の高い仕事図になります。

自分が携わる仕事の最終消費者が見えてくると、仕事図の描き方がまったく違ってきます。仕事の図解をとおして、自分の仕事の本質的な意味や目的を再発見し、自分は何をするべきかをとらえ直し、もう一度自覚し直すことで仕事がブラッシュアップしていく。ここに仕事図を作成する意義があるのです。

「仕事図」は少なくとも三回描く

前述のとおり、私が行ってきた仕事図作成の研修では、受講者は「自分の仕事の図解など簡単だ」と思って鉛筆を手にしますが、たちまち、うまく表現できないことに気づきます。

それでも、三〇分も経つと、マルで囲んだり、矢印を描いたりしながら、自分の仕事について考え抜き、図解する作業に没頭し始めます。

研修では、一時間ほどして仕事図が描き上がったら、数人のグループで一人ずつ発表し、コメントや質問を受けるステージに入ります。

コメントする側には、二つのポイントを指摘するようにしてもらいます。一つは、図解の技術的な改善点です。わかりにくい部分を指摘し、どう描けばわかりやすくなるか具体的な意見を出してもらいます。

もう一つは仕事の中身に関することです。どんな仕事なのか、具体的に理解できなかった点を指摘してもらいます。他のメンバーの指摘は、自分でもまったく気づいていなかった盲点であったり、自分でも「ここはうまく表現できていないな」と思うような痛いところを突くものだったりします。

実際、発表は、「本当は違うんですが……」「これではわからないと思うんですが……」などと、いい訳から始まる人が多いのが特徴です。自分の描いた図解に、自分でも納得していないからでしょう。

グループのメンバーから出た批評や質問、発表中に自分自身の心のなかに浮かんだことを盛り込んで二回目の図を描きます。発表によって、自分の仕事について客観的にとらえることができるようになるので、二回目の図解は一回目と比べて、はるかにいい図ができあがります。

二回目の図については、講師である私が疑問や修正点を指摘します。それをもとに三回目の図を描きますが、この段階では、かなりの確信をもって自分の仕事を把握できるようになり、最初の図からは想像できないくらいのレベルの仕事図ができあがります。こうして、一日がかりの研修が終了するわけです。

ただ、重要なのは、仕事図にはけっして「完成」という概念はないということです。

世の中は常に流動しています。特に現代は変化が速く、不確実で先行きが不透明でどのように変化していくかわかりません。仕事が、世の中と自分とをつなぐ仲立ちをしているものであるとすれば、自分の仕事もどんどん変化していく。その変化に対応しながら、自分の仕事力も進歩し、それとともに仕事図も進化していく。それが仕事図のダイナミズムなのです。

仕事図の練習問題
――印刷会社勤務のSさん

図解することで、ものごとの本質を知る。それを実感するために、自分の仕事を図解してみる。仕事図は少なくとも三回描いてみると、一回目より二回目、さらに三回目と図解が進化し、確信をもって自分の仕事を把握できるようになる。

読者に、いわば〝紙上研修〟として実践してもらうためのサンプルとして、一つの事例を紹介しましょう。

Sさんのプロフィール

東京で大学を卒業後、大手アパレル会社に就職。婦人服の営業部門で関東以北を担当。三〇歳で郷里の印刷会社にUターン就職した。現在三六歳。既婚。一児の父親。趣味はクラシック鑑賞とカメラ。郷土史をひもときつつ、町を散策して撮影するのが週末の楽しみ。

Sさんの仕事図(一回目)

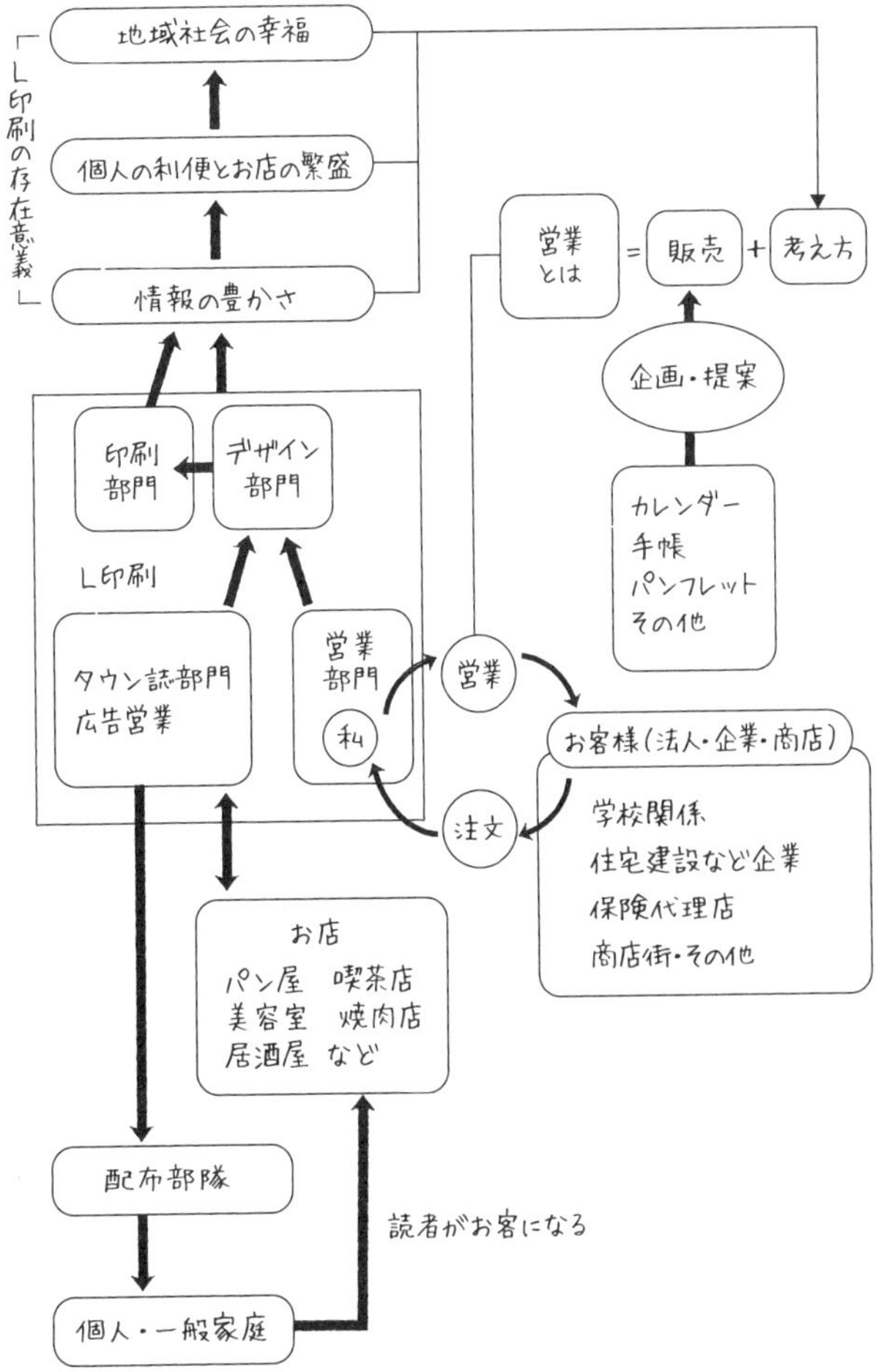

【図10-1】Sさんの仕事図(1回目)

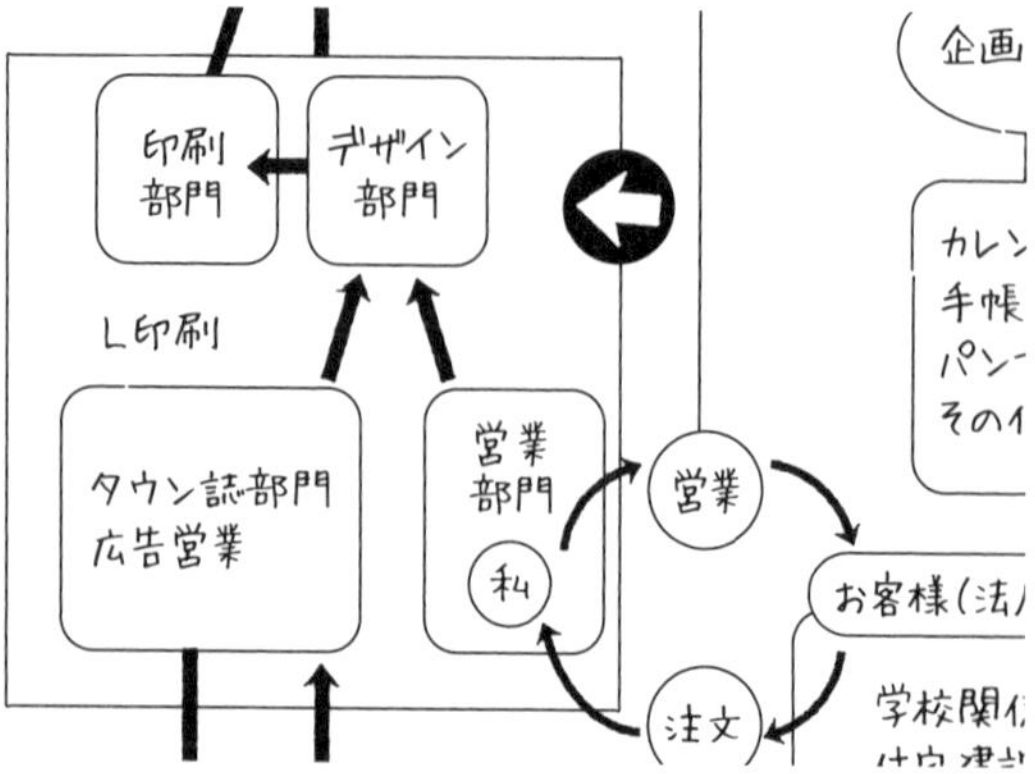

【図10-2】

部門間の関係を明確に示す

Sさんが勤めている印刷会社は、Sさんの所属する「営業部門」や「印刷部門」のほかに、「デザイン部門」や「タウン誌部門」もあり、「タウン誌部門」では「広告営業」を行っていることがわかります（図10－2）。

ただ、この図では各部門の相互の関係がよくわかりません。矢印のつながりから、案件が「営業部門」と「タウン誌部門」から「デザイン部門」にバトンタッチされ、「デザイン部門」から「印刷部門」へと渡されていく流れはわかります。

しかし、同じ「営業」という用語が入った「営業部門」と「タウン誌部門」の「広告営業」については、重なる部分があるのか、まったく独立しているのか、関係がよくわかりません。

また、「営業部門」と「タウン誌部門」の両部門が同じくらいの大きさで並べてあるため、どちらが人数や売り上げで主力部門なのかも不明瞭です。

この仕事図の全体を見渡してみると、会社の業務にかかわるキーワードはたくさんあがっていますが、キーワード同士の関係を熟慮した形跡があまり見られないのです。ここが第一の問題点です。会社のなかにいると、その関係があたりまえの、あえていうまでもないことになってしまうのでしょう。

つまり、仕事図を内部の目で描いており、外部に説明するという視点が弱いのです。

「外部の視点」をどのように持つか

自分の仕事を図解するときは、外部の人が理解できるかどうかという点を常に念頭に置かなければなりません。

では、どのようにすれば、外部の視点を持つことができるのでしょうか。ポイントは最終消費者を忘れずに入れ、最終消費者との関係を示すことです。

Sさんの図も、「タウン誌部門」のほうは、地元の商店街で広告を集めてタウン誌に掲載し、それを見た「個人・一般家庭」（最終消費者）が、広告を出した商店に行く流れがわかります。

それに対し、自分が所属する「営業部門」の最終消費者がはっきりしません。

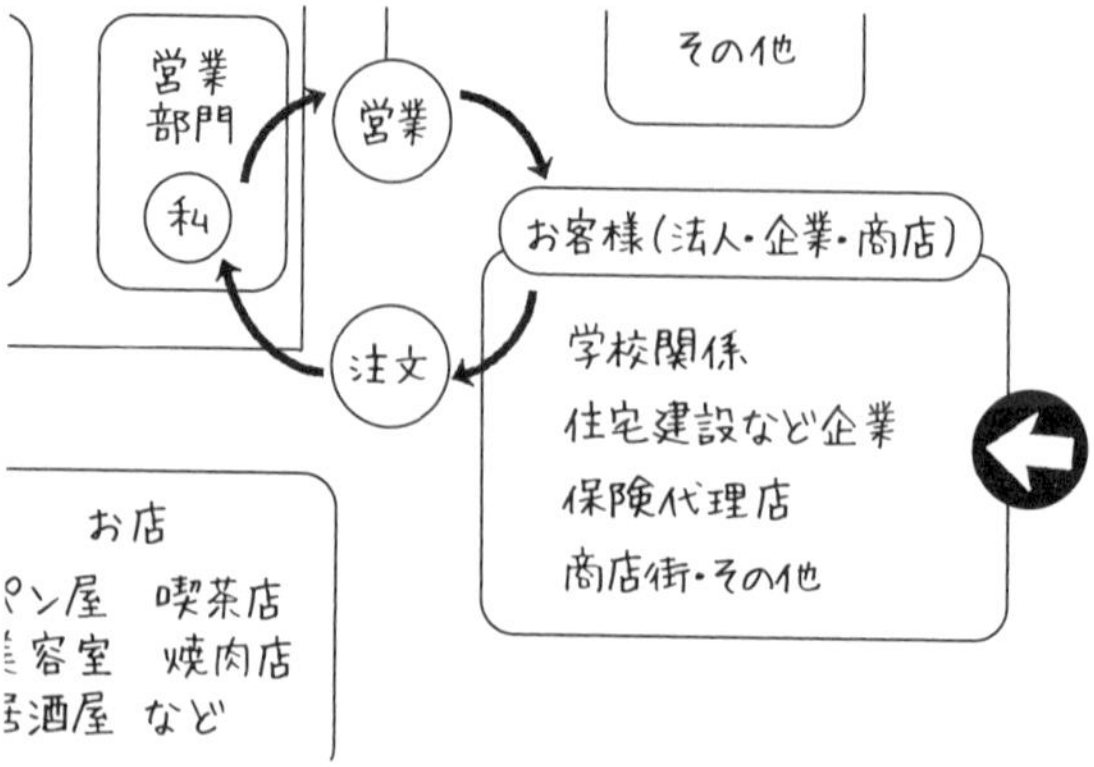

【図10-3】

図の右半分に、営業について図解してあります（図10―3）。それを見ると、「お客様（法人・企業・商店）」が取引先となっていますが、仕事の内容を推測すると、「カレンダー」「手帳」「パンフレット」「その他」などを、取引先である「住宅建設など企業」「保険代理店」「商店街・その他」から販促品として、また、「学校関係」からは用品として受注していると思われます。それらは、最終的にそれぞれの顧客や生徒に渡るのでしょう。

最終的には個人のもとに行き着いて使われるのですから、そこを描くと外部の人が見ても、よく理解できるようになります。

また、図の左上に「L印刷の存在意義」が示されています。「情報の豊かさ」をとおして「個人の利便とお店の繁盛」を実現し、「地域社会の幸福」に貢献する。この存在意義が生きるためにも、印刷された製品が地域の企業・組織から配布されて個人に行き着くという流れを明示したほうがいいでしょう。

「私の仕事」とは何かを明確にすることが肝心

Sさんの仕事図の最も大きな問題点は、会社や組織が中心になっていて、図解の目的だった自分の仕事や役割は何か、毎日どんな業務に携わっているかが、あいまいになっていることです。

図の右上の「営業とは」の部分で説明を試みていますが、それはL印刷会社での営業のあり方を示していて、そのなかでSさんは何をしているのか、すなわち、企画やアイデアを出しているのか、第一線で注文をとっているのか、全体を調整しているのかといったリアリティーが伝わってきません。

仕事の図解とは、あくまでも「自分の仕事」を説明するものであって、「自分の部署の仕事」を説明するのが目的ではありません。会社の各組織を説明する場合でも、自分の仕事との関係から説明すべきです。

前にも述べましたが、ありがちなのは会社の組織図を描いて、「私はここにいます」と示す図解です。「私は組織の歯車です」といっているのも同じです。

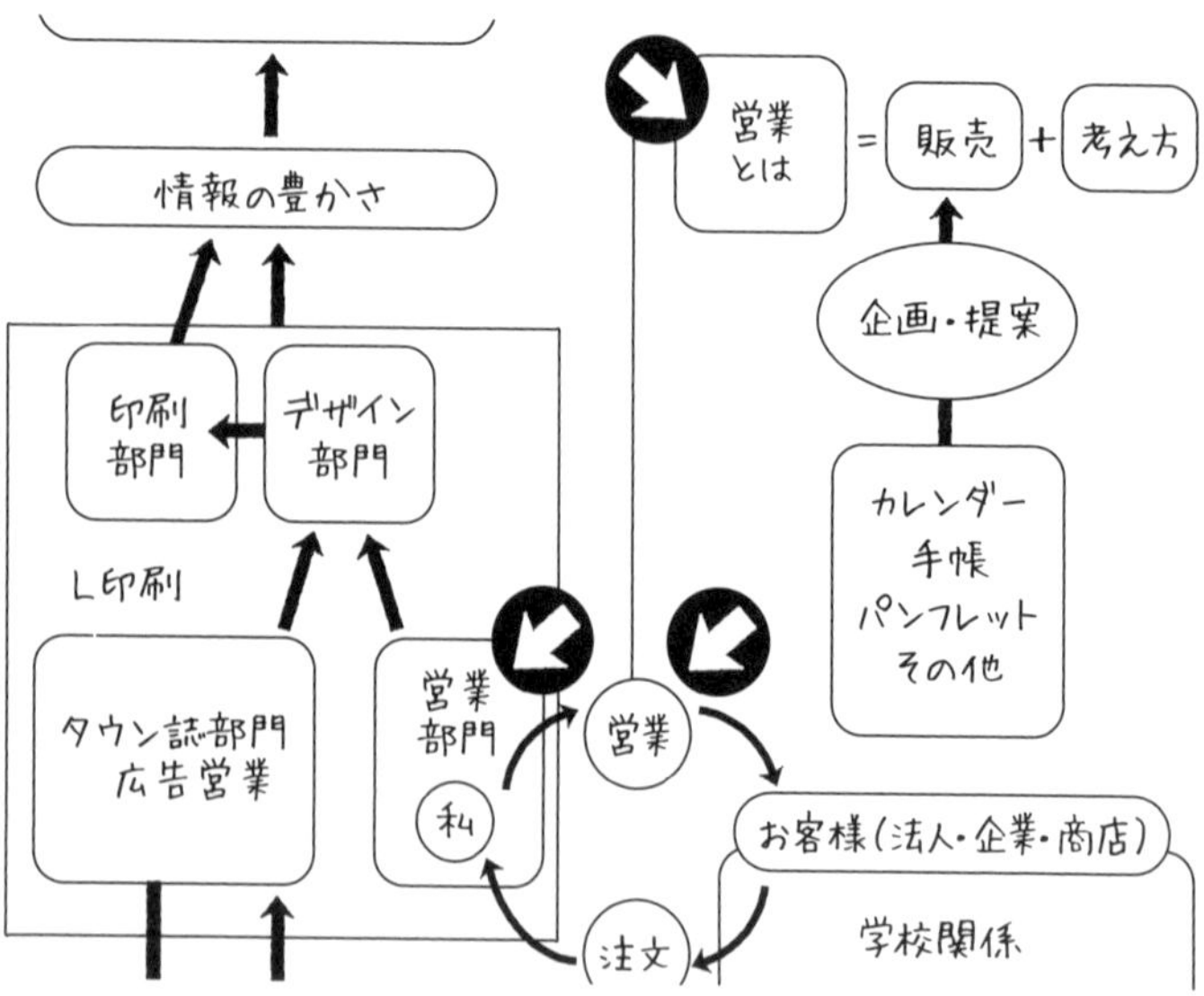

【図10-4】

Sさんの仕事図で、少し細かな修正が必要な問題点をいくつか示しておきましょう。

まず、同じ意味合いの言葉が重なって出てくることです。

「営業部門」と「タウン誌部門」の「広告営業」はすでに指摘しました。

また、「L印刷の存在意義」と、「営業とは」を説明するところにある「考え方」とは同じものを指しています（**図10−4**）。

一つの図に同じものを指す用語が複数、登場するのは混乱を招きます。

「営業とは」の部分は解説ですから、矢印を点線や破線にするなどの工夫をすれば、他の矢印が示す関係性と区別され、わかりやすくなるでしょう。

Sさんの仕事図(二回目)

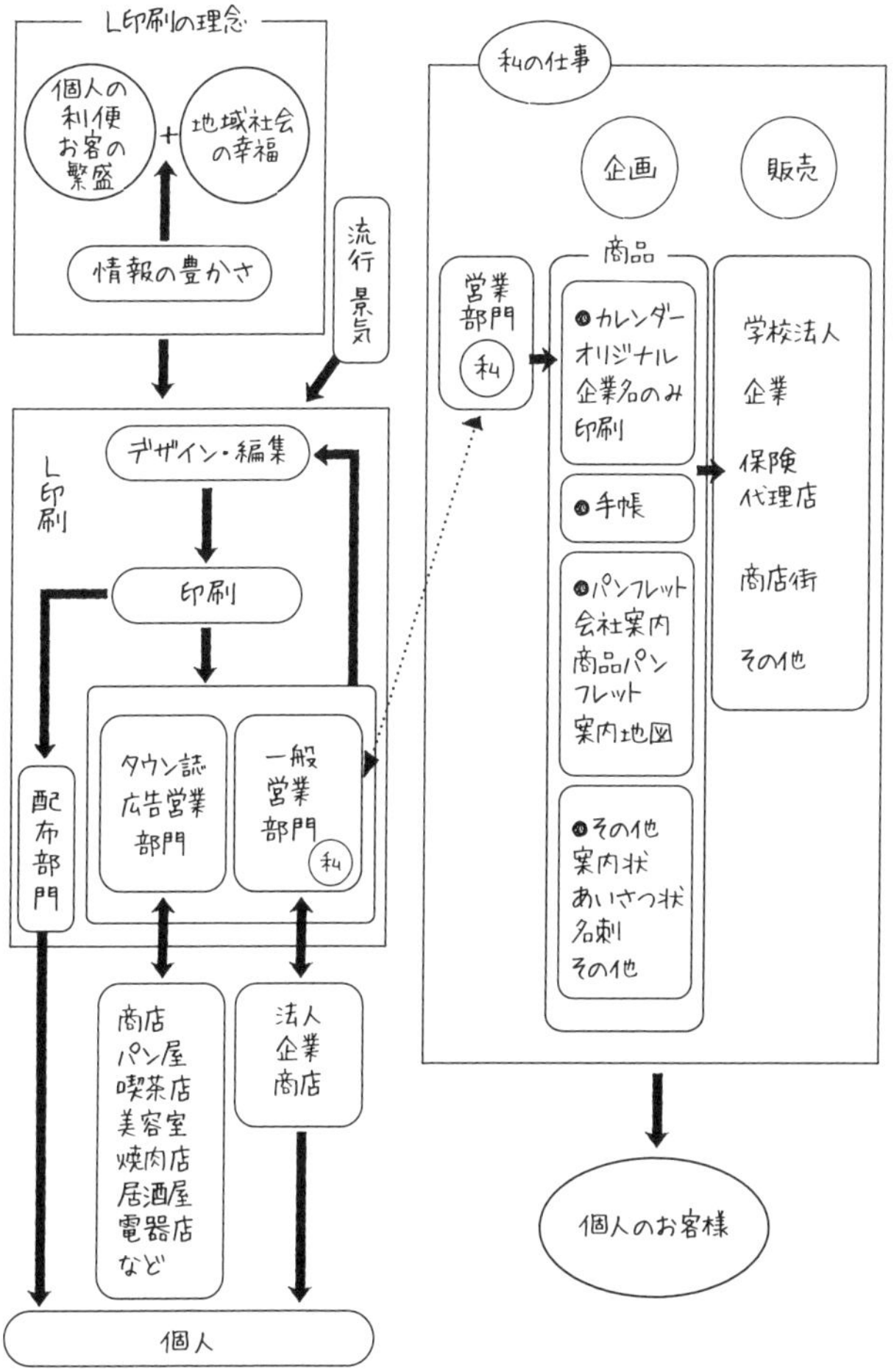

【図11-1】Sさんの仕事図(2回目)

ひと目でわかる工夫をする

二回目の図は一回目と比べ、かなり詳しくなりました。

大きな特徴は、左半分の図のなかの「一般営業部門」での「私」の所属を示したうえで、右半分に「私の仕事」をクローズアップした図が描かれていることです。

ここは、点線の矢印でつなげるより、吹き出しにして、「私の仕事」の中身を広げる形にしてもいいでしょう。右半分が他の囲みとは違う位置づけであることを示すことができます。

図解は、見た人がひと目で関係性がわかるような工夫を考えながら描くことが大切です。

「私の仕事」を見て気づくのは、箇条書き思考です。

たとえば、「販売」の営業先である「学校法人」「企業」「保険代理店」「商店街」「その他」や「商品」は箇条書きで並べただけです。売上高の大きさに違いがあるはずですが、その表現がまだ不十分です。囲んだマルの大きさで表すこともできますし、数字で「5対3対2」などと書いてもいいでしょう（**図11－2**）。

箇条書きにこだわる人は、どちらかといえば、「勉強をしすぎた人」が多いようです。学校での試験のための勉強は、箇条書きで情報を整理して覚えることが多いからです。勉強をしすぎて、脳の柔軟性が欠如すると、箇条書きから抜け出るのが難しいのです。

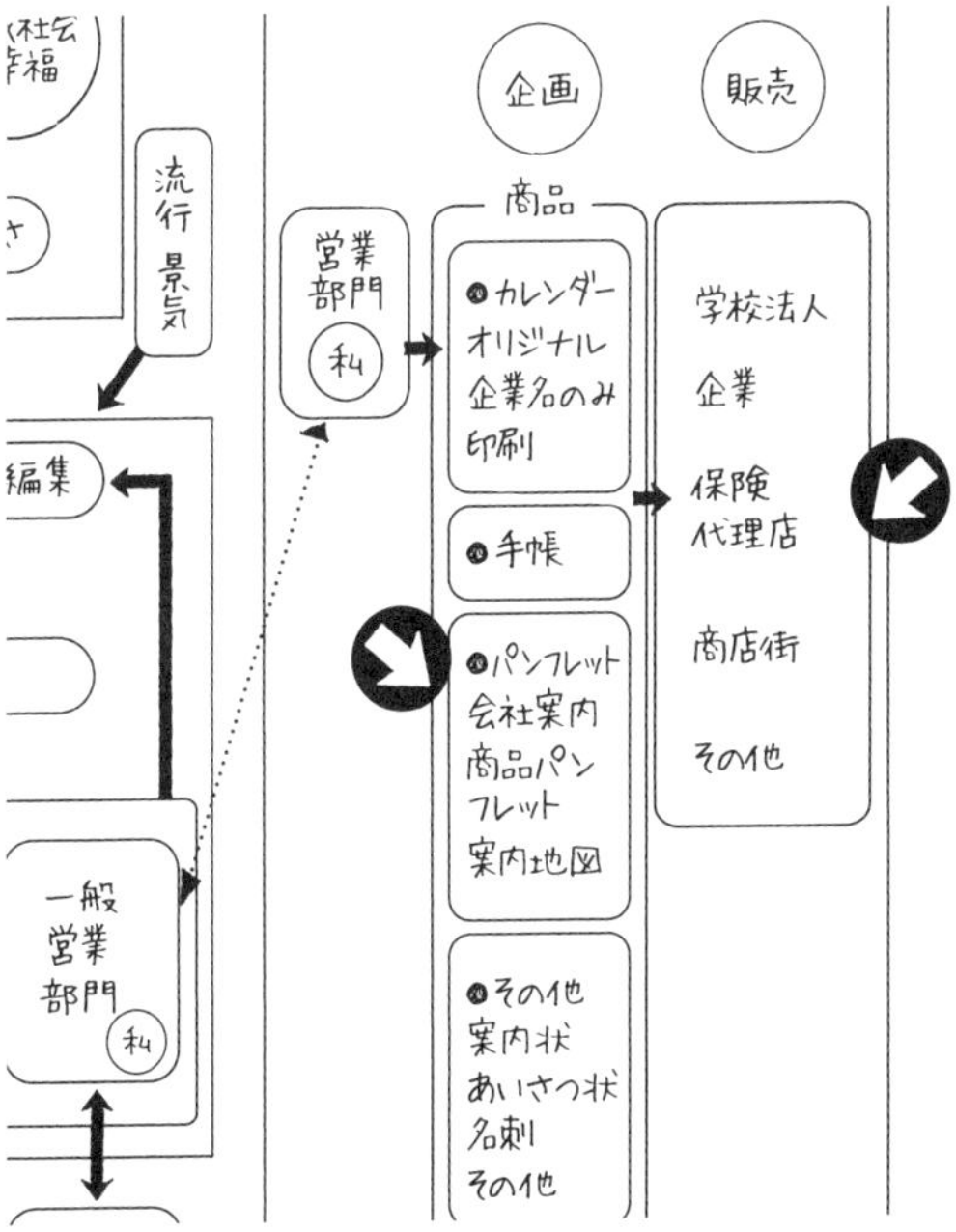

【図11-2】

仕事のリアリティーはどうやって表すか

一回目の図はすっきりとまとめすぎているところがあり、二回目はかなり改善されましたが、それでもまだ全体の印象として、仕事のうわべだけをなぞっている印象を拭えません。

なぜ、そう見えるかというと、どんな営業先を相手に、どんな働きかけをしていて、どのくらい売り上げているのだろうかと、図を見る側の興味を引いたり、感情移入を引き起こしたりするところが少ないからでしょう。その原因はリアリティーの

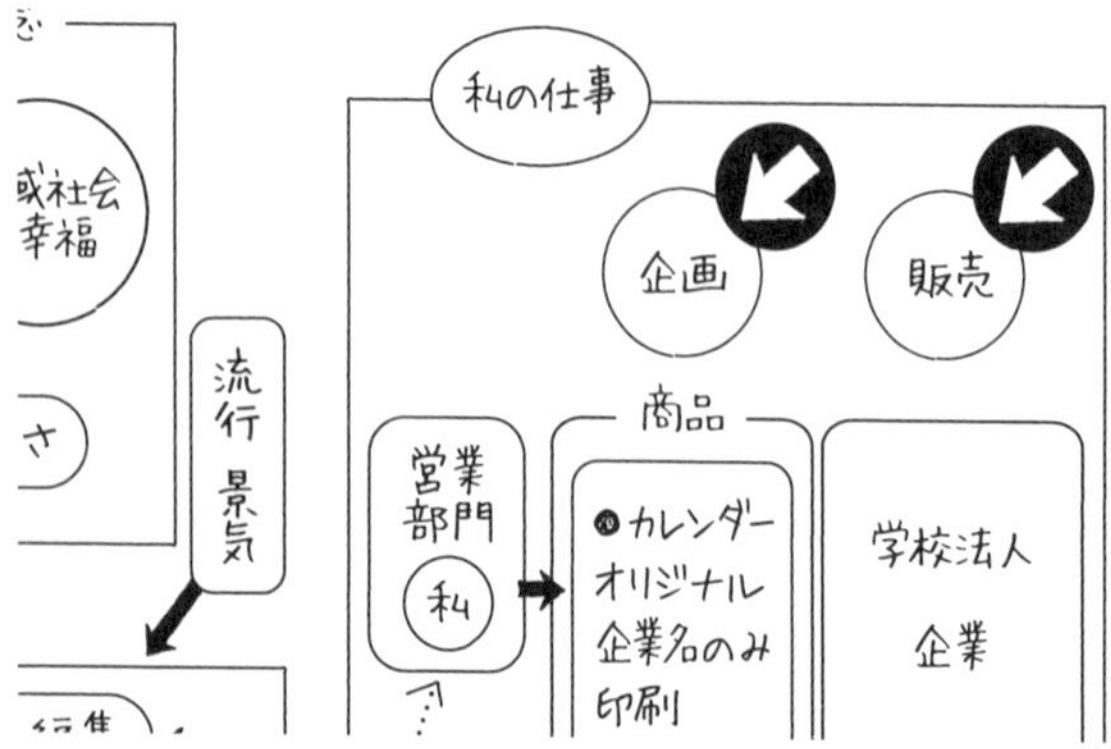

【図11-3】

欠如にあります。

リアリティーとは具体性をともなった現実感です。それが欠けているのです。

第一に、Sさんの仕事のリアリティーです。

右半分の「私の仕事」を見ると、「企画」と「販売」を担当していることはわかります。

では、全体の仕事量における「企画」と「販売」の割合はどのようになっているのか気になります。「企画」は〝クリエイティブな仕事〟、「販売」は〝地道な仕事〟のイメージがあるからです（**図11－3**）。

たとえば、「企画」が七、「販売」が三であれば、企画の差別性を重視した提案型の営業をしていることになります。顧客のニーズに応えて、新しい商品を開発し、提案していく商品企画に重心を置いた営業です。

一方、「販売」が七、「企画」が三であれば、販売力で顧客を獲得していることが想像できます。既存の商品に企業名を印刷したカレンダーなどを、商品単価の安さや納期の短さなどを武器に、新規顧客を開拓し、受注していく販売企画型の営業ということになるでしょう。

商品企画は新商品の開発、販売企画は既存の取り引きの活性化と新規顧客の開拓という、どちらも会社の将来を左右する重要な仕事です。

このように「企画」と「販売」の仕事の中身を明確にすることで、会社と自分とのつながり、社会と自分とのつながりが浮かび上がります。

第二に、顧客のリアリティーです。

営業先のそれぞれの売上高はどのくらいの大きさか、どんな会社や学校が顧客なのかが固有名詞でいくつか示されると、リアリティーが増します。

また、現在特に営業に力を入れ、その成果として受注が伸びている営業先があれば、目立つように太字で描いたり、売上高の推移をグラフで小さく描き込んだり、数字で伸び率を示すといった工夫も考えられます。

第三に、商品のリアリティーです。

「カレンダー」「手帳」「パンフレット」「その他」のうち、どの売上高が高く、主力商品なのか。

また、売上高の伸び率の高い商品があれば、グラフや数字で伸び率を示すと、Sさんが注力している商品であることが伝わります。

新規の顧客を開拓していくときも、その図を公開できる範囲で提示すれば、相手の関心を引くことができるでしょう。

顧客からのフィードバックの流れを把握する

一回目の図で営業部門の最終消費者がはっきりしていませんでしたが、推測したように、二回目では、「お客様（法人・企業・商店）」に納品された商品は、最終消費者である「個人のお客様」に配布されていることがわかります。

ただ、二回目の図で、まだ不足していることがあります。

Sさんの直接の顧客は「学校法人」「企業」「保険代理店」「商店街」「その他」です。その顧客からのフィードバックの流れです。

営業先の顧客からは、「こんなパンフレットがあるといいのだけれど」「最近はこんなカレンダーが人気がある」「こういうことができる手帳のデザインを考えてほしい」……等々の情報が入ってくると思いますが、その情報の流れが示されていないのです。

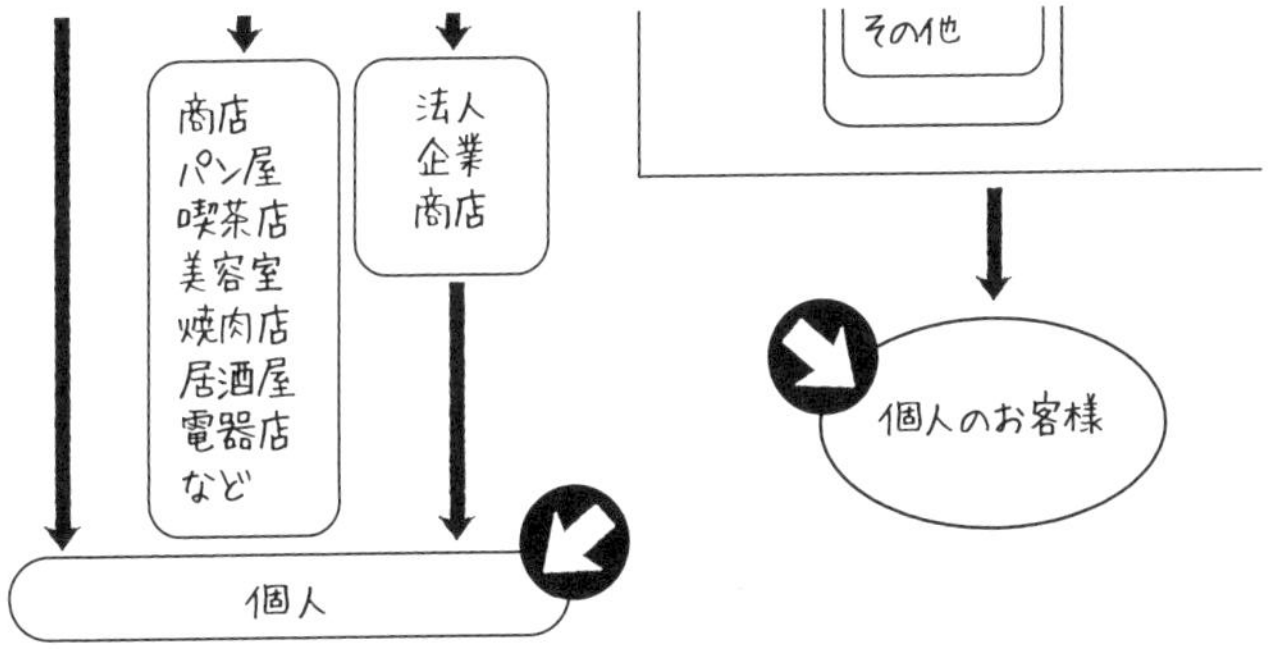

【図11-4】

単なる「企画」と「販売」ではなく、顧客の声を聞いてニーズを把握し、企画で創意工夫をしてニーズに応え、商品を販売して顧客に満足してもらい、対価を得る。それが仕事の面白さであり、それも、Sさんの仕事のリアリティーになります。

ここで一つ、細かな点を指摘すれば、右半分の下に描かれた「個人のお客様」と左半分の下にある「個人」は、どちらも同じ最終消費者のことです。この「個人」はどこかにまとめてもいいでしょう（**図11－4**）。

また、「個人」という表現は、法人と区別するためのもので、Sさんの側から見た分類です。

一般的な表現である「消費者・ユーザー」を使ったほうがイメージがわきやすいと思います。

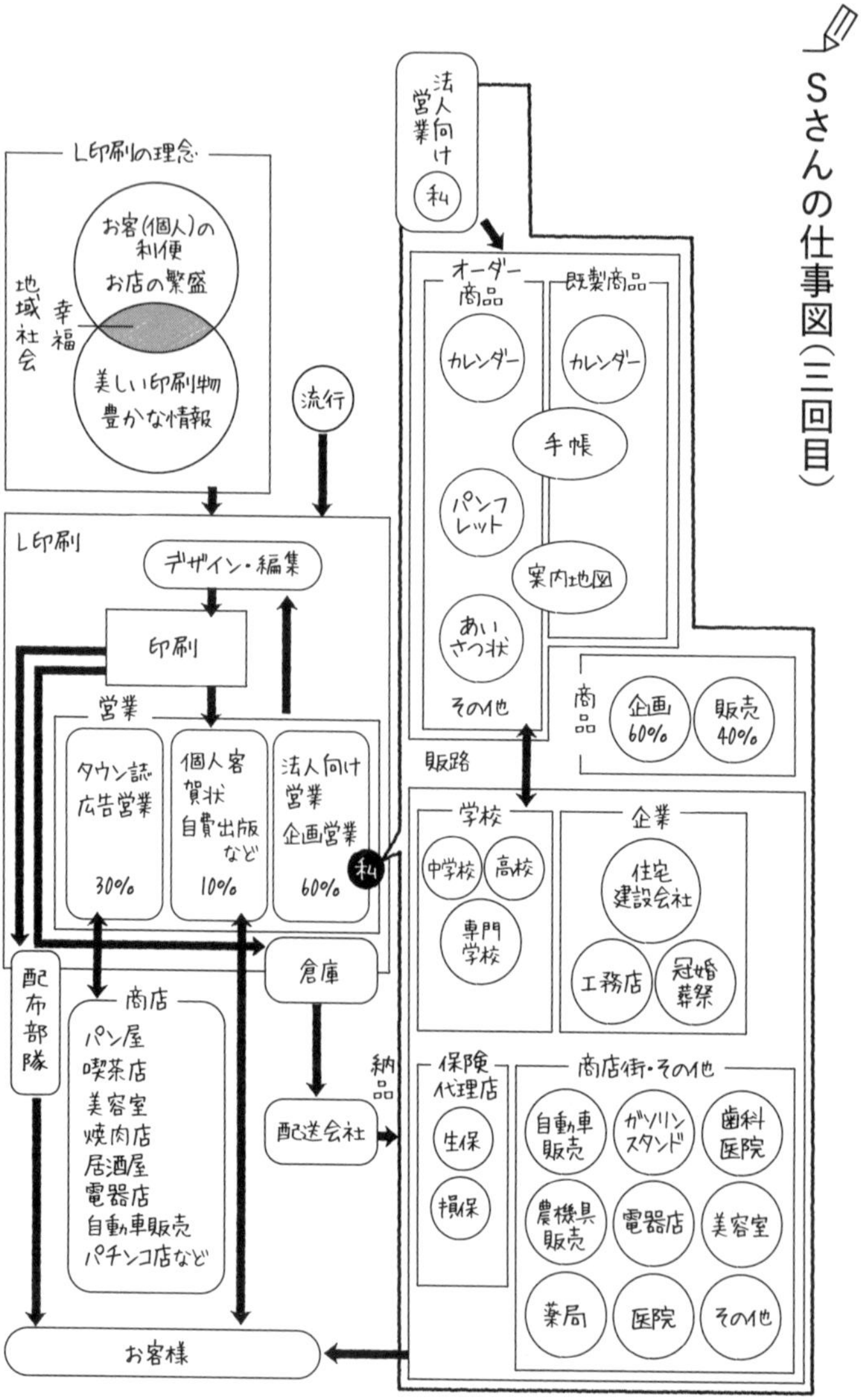

【図12-1】Sさんの仕事図(3回目)

三回目になって逆に混迷が深まってしまった

二回目の図について、箇条書きからの脱却を指摘したので、箇条書きスタイルから一転、用語を徹底してマルで囲む図に変わりました。

しかし、わかりやすさという点では、改善されたとはいえません。それぞれのマルの大きさと重なりなどの関係性について考えているうちに、混迷が深まったように見えます。その意味で、三回目の図は、完成に至る前の試行錯誤の途中にあると思われます。

なぜ、混迷が深まったのでしょうか。それは、「自分は何のためにその仕事をしているのか」という目的意識、さらには自らの存在意義が不明確だからです。

図を見る限り、目的意識を欠いたまま、日常の仕事に没頭している印象さえ受けます。

最終消費者は、直接取り引きをする顧客ではなく、地域に住む個人であることはわかりました。「この会社は何のために存在しているのか」という会社の理念、すなわち、会社の存在意義もはっきり示されています。

ところが、地域に住む人々の利便を通じて地域社会に貢献するというつながりが、Sさんの仕事からはよくわかりません。

社会貢献については「L印刷の理念」によって、会社の全体像として示しているから、自分の仕事もその理念に沿っているといおうとしたのかもしれませんが、Sさんの図は、やはり、目的抜きで仕事をしているように読み取れるのです。

Sさんのように、図を描いているうちに混迷が深まってしまった場合、マルとマルとの関係性を表す矢印の部分について、一度、言葉で表現し、その意味を書いてみると思考が整理されます。

「オーダー商品」「既製商品」と「販路」の間の矢印は、「できた商品を売る」のように文章化すると、単なる説明に過ぎませんが、「商品をとおして価値を提供する」のように表現し、「販路」から「お客様」への矢印を「配布された商品をとおして地域の情報が豊かになる」と言葉で表現すれば、会社の理念とのつながりが見えてきます。

グループを表すタイトルを大事にする

三回目の図のもう一つの問題点は、図が見づらいことです。右半分のSさんの仕事についての吹き出し部分はそれが顕著です。

数多くの項目が描き出され、そのグループ分けはできています。見づらさの原因は、それぞれのグループのタイトルが目に入ってこないことにあります（**図12ー2**）。

郵便はがき

おそれいりますが
63円切手を
お貼りください。

1028641

東京都千代田区平河町2-16-1
平河町森タワー13階

プレジデント社
書籍編集部 行

フリガナ		生年（西暦） 年	
氏 名		男・女	歳
住 所	〒 TEL （ ）		
メールアドレス			
職業または学校名			

ご記入いただいた個人情報につきましては、アンケート集計、事務連絡や弊社サービスに関するお知らせに利用させていただきます。法令に基づく場合を除き、ご本人の同意を得ることなく他に利用または提供することはありません。個人情報の開示・訂正・削除等についてはお客様相談窓口までお問い合わせください。以上にご同意の上、ご送付ください。

<お客様相談窓口>経営企画本部 TEL03-3237-3731

株式会社プレジデント社 個人情報保護管理者 経営企画本部長

この度はご購読ありがとうございます。アンケートにご協力ください。

本のタイトル

●ご購入のきっかけは何ですか?(○をお付けください。複数回答可)

1 タイトル　2 著者　3 内容・テーマ　4 帯のコピー
5 デザイン　6 人の勧め　7 インターネット
8 新聞・雑誌の広告(紙・誌名　)
9 新聞・雑誌の書評や記事(紙・誌名　)
10 その他(　)

●本書を購入した書店をお教えください。

書店名／　(所在地　)

●本書のご感想やご意見をお聞かせください。

●最近面白かった本、あるいは座右の一冊があればお教えください。

●今後お読みになりたいテーマや著者など、自由にお書きください。

どうもありがとうございました。

たとえば、「カレンダー」「パンフレット」「手帳」などの商品名より、「オーダー商品」と「既製商品」というタイトルのほうをより強調したほうが見やすくなります。

また、「販路」には、「学校」「企業」「保険代理店」「商店街・その他」とありますが、もし、

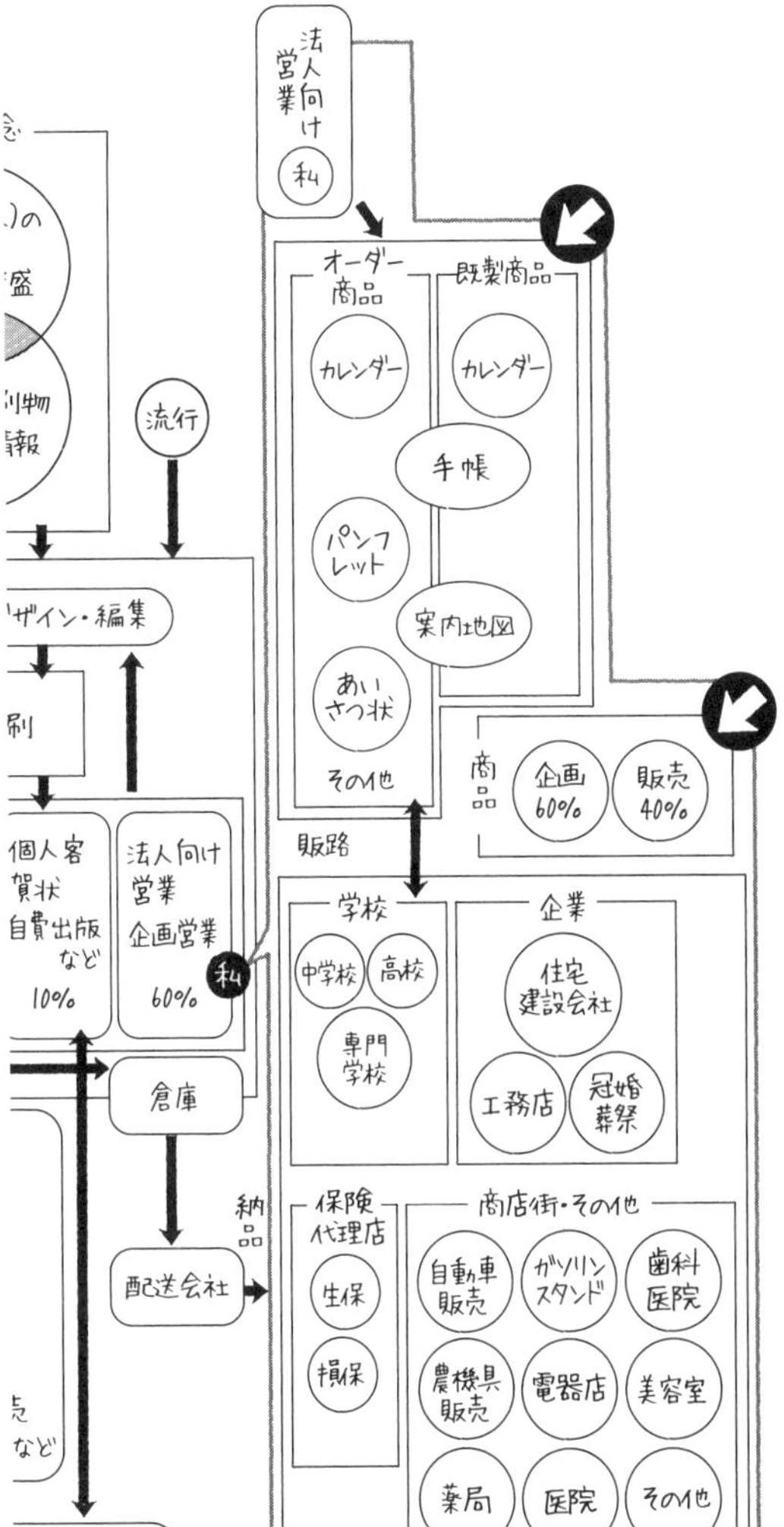

【図12-2】

最初の二つが大きな比重を占めているとしたら、そこに「二大販路」のタイトルをつけると見た目にも印象的です。

タイトルのつけ方も工夫が必要です。「オーダー商品」と「既製商品」のタイトルは、商品の違いはわかりますが、Sさんの仕事とのかかわりが示されていません。「企画提案型商品」と「受注対応型商品」とすれば、Sさんの仕事からとらえた分類であることを明示できます。

吹き出しの図の右側の「商品」について、「企画60％」と「販売40％」と比率が示されています。これは仕事の全体量のなかでの比率です。

一方、「オーダー商品」（企画提案型商品）と「既製商品」（受注対応型商品）のグループ分けは商品の種類の違いによる分け方で、それぞれは企画と販売の比率が異なります。

Sさんの仕事を異なる視点からとらえたグループ分けが隣り合って並んでいるのは混乱を招きます。「企画60％」と「販売40％」は、左半分の図のなかの「法人向け営業 企画営業」「私」の部分に配置したほうがわかりやすいでしょう。

キーワードを発掘する醍醐味

「販路」のなかで取り上げられている項目を個別に見ていくと、あることに気づきます。

「保険代理店」や「企業」のなかに登場する「工務店」「住宅建設会社」は、最終消費者にとってどのような意味合いを持つのでしょうか。それぞれが扱う商品は、一方は「生保」「損保」、もう一方は住宅や住宅設備と、いずれも最終消費者にとって生涯にわたる長い付き合いになるものであるという特徴を持っています。ここから一つのキーワードが見えてきます。

「保険代理店」や「工務店」「住宅建設会社」に共通するのは、「ライフタイム産業」であるということです（ライフタイム＝一生、生涯）。「冠婚葬祭」はおそらく結婚式場や葬儀社を意味すると思いますが、これらもライフタイムとかかわりがあります。

「商店街・その他」のなかの「医院」「歯科医院」「薬局」も、地域住民のそれぞれのライフタイムに関係するでしょう。地域の「電器店」も、住民の高齢化が進むなかで、家電製品にかかわる長期的なサービスを提供する役割を担っています。

「学校」は人生のうちの一時期ですが、そこでの生活は一生の思い出になります。また、生涯学習の観点、あるいは、親から子へ、子から孫へと、世代を超えた長い関係が続いていく可能性もある存在です。

すなわち、この会社は、販促品にしろ、パンフレットにしろ、ライフタイム産業向けの商材を得意とするといえるわけです。

すると、ほかにもライフタイム産業はあるのではないかと類推が広がります。化粧品もライフタイム産業と考えられます。二〇代、三〇代、四〇代と年齢を重ねるにつれて、使用する化粧品の種類は変わっていきます。メーカーであれ、販売店であれ、一人の顧客と長期間にわたってお付き合いしてもらえる可能性があります。化粧品を販売するときにつけるノベルティの提案などの商品企画もできます。

連想ゲームのように発想を広げていくことで、新しい企画の源になります。

Sさんの仕事図から浮かび上がる「ライフタイム産業」「長いお付き合い」というキーワードから、「ライフタイム産業に今後のビジネスチャンスがある」と、この会社の将来的な発展の方向性を見出すことができるかもしれません。

繰り返しますが、図を作成するとき、あるいは、図を見るときに大切なのは、常に最終消費者にとって、どんな意味があるのかという視点を持つことです。すると、これまで気づかなかったキーワードを発掘することで、自分たちの仕事の本質が見えてきて、これから取り組むべき仕事のコンセプトがかたまってきます。

これが、仕事を図解することの大きなメリットであり、醍醐味なのです。

最後に、私が修正したSさんの仕事図を掲載しておきます（**図13**）。

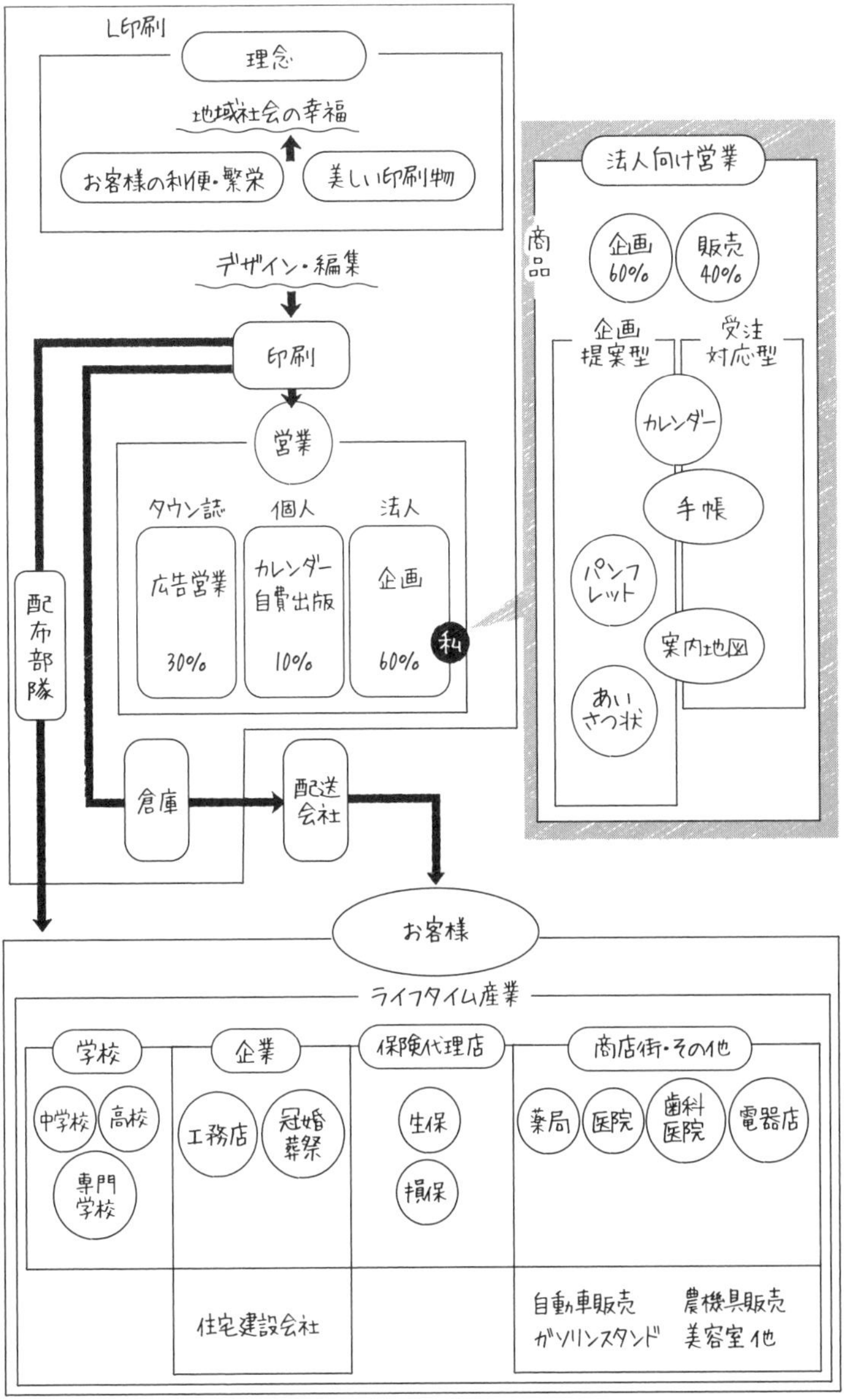

【図13】Sさんの仕事図（久恒修正）

第 4 章

人生戦略の第一歩、「5W2H」の方程式

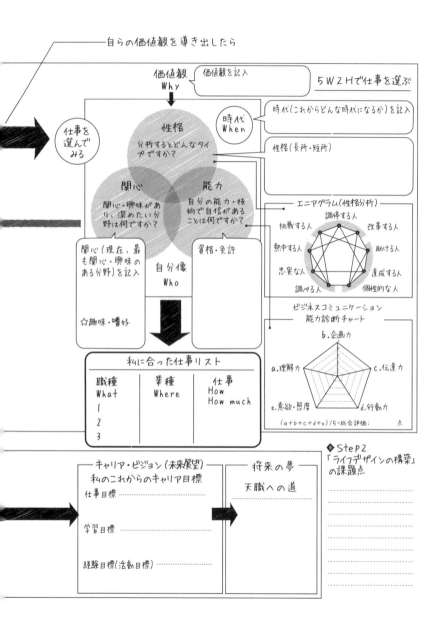

自らの価値観を導き出したら

5W2Hで仕事を選ぶ

価値観 Why

価値観を記入

仕事を選んでみる

時代 When

時代(これからどんな時代になるか)を記入

性格

分析するとどんなタイプですか？

性格(長所・短所)

関心

関心・興味があり、深めたい分野は何ですか？

能力

自分の能力・技術で自信があることは何ですか？

関心(現在、最も関心・興味のある分野)を記入

☆趣味・嗜好

資格・免許

自分像 Who

エニアグラム(性格分析)

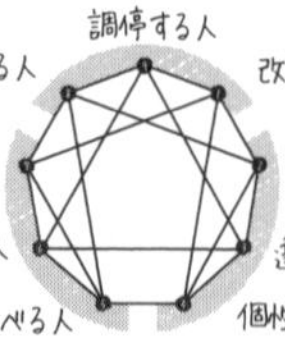

ビジネスコミュニケーション能力診断チャート

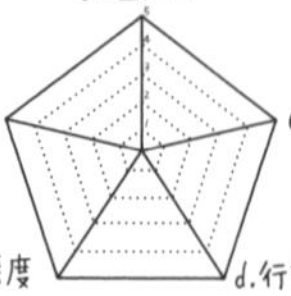

(a+b+c+d+e)/5=総合評価:　　　点

私に合った仕事リスト

職種 What	業種 Where	仕事 How How much
1		
2		
3		

キャリア・ビジョン(未来展望)

私のこれからのキャリア目標

仕事目標 ……………………

学習目標 ……………………

経験目標(活動目標) ……………………

将来の夢

天職への道

◆Step2

「ライフデザインの構築」の課題点

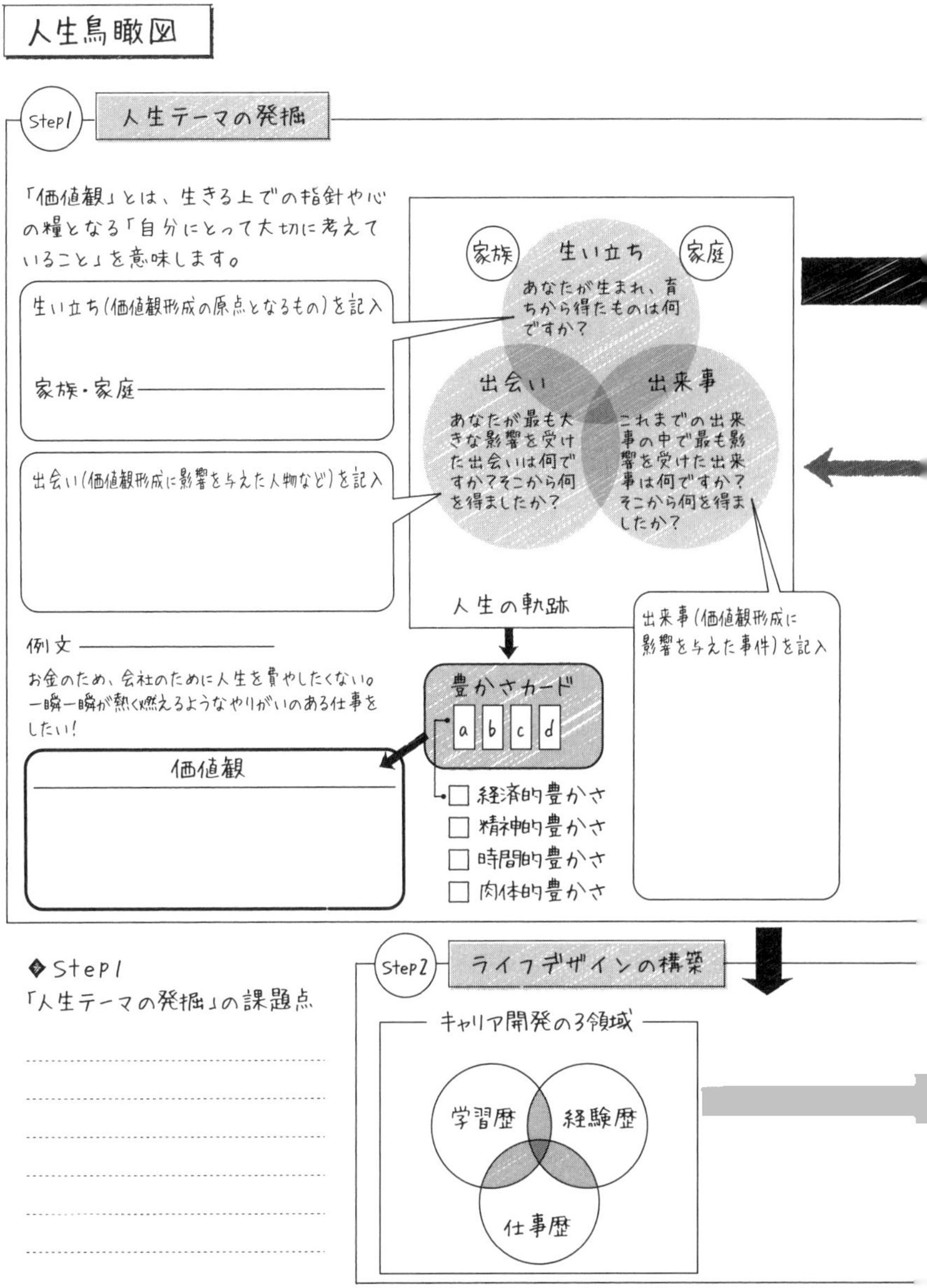
人生鳥瞰図
Step1
人生テーマの発掘
「価値観」とは、生きる上での指針や心の糧となる「自分にとって大切に考えていること」を意味します。
生い立ち(価値観形成の原点となるもの)を記入
家族・家庭
出会い(価値観形成に影響を与えた人物など)を記入
家族
生い立ち
家庭
あなたが生まれ、育ちから得たものは何ですか?
出会い
あなたが最も大きな影響を受けた出会いは何ですか?そこから何を得ましたか?
出来事
これまでの出来事の中で最も影響を受けた出来事は何ですか?そこから何を得ましたか?
人生の軌跡
出来事(価値観形成に影響を与えた事件)を記入
例文
お金のため、会社のために人生を費やしたくない。一瞬一瞬が熱く燃えるようなやりがいのある仕事をしたい!
豊かさカード
a
b
c
d
価値観
経済的豊かさ
精神的豊かさ
時間的豊かさ
肉体的豊かさ
◆Step1
「人生テーマの発掘」の課題点
Step2
ライフデザインの構築
キャリア開発の3領域
学習歴
経験歴
仕事歴

【図14】人生鳥瞰図

「人生鳥瞰図」は自分とのコミュニケーション

いよいよ、壮年期に向けた人生戦略策定の第一歩、人生鳥瞰図の作成に入ります（**図14**）。

ビジネスに必要なコミュニケーション能力は、「理解する（理解力）」「考える（企画力）」「伝える（伝達力）」の三つで成り立っていると前述しました。図解はそのためのきわめて有効な手段であり、それを私は図解コミュニケーションと命名しました。

その意味では、人生鳥瞰図は自分を理解し、自分について考え、そして、自分に伝えるという、自分とのコミュニケーションのためのツールといえます。

過去から現在に至る自分の人生の棚卸しを行い、未来に向けた人生戦略を立て、ライフデザインを描く。来し方をなぞり、行く末を見通すための自分とのコミュニケーションです。

人生鳥瞰図は、大きく、「人生テーマの発掘」と「ライフデザインの構築」の二つのパートから成り立っています。そして、「人生テーマの発掘」は、自らの「価値観」を導き出す部分と、「自分像」を確認して「私に合った仕事」を明らかにする部分からなっています。

この人生鳥瞰図は、一度にすべてができあがったわけではなく、完成するまでに各部分ごとに何段階かを経て、トータルで数年を要しています。それぞれの部分は、私が大学教授としての職務を遂行するうえで、必要に迫られて作成したものでした。

ここで、経緯をたどってみたいと思います。人生鳥瞰図の構造がよく理解できるはずです。

「人生鳥瞰図」はどのようにして生まれたか

私は四七歳で、新設されたばかりの県立宮城大学の教授となり、「知的生産の技術」という科目を担当することになりました。

「知的生産の技術」は、知研では実践と研究を重ねてきましたが、大学の科目として扱うのは日本でも初めてのことです。私は何をどのように教えればいいか迷い、いろいろ考えた末、思いついたのが、学生に「自分史」を書かせることでした。

過去の自分を振り返ることは、未来の自分を映し出すことにもなります。自分史は、年をとってから書くものだと思われがちですが、学生にも二〇年近い人生の軌跡があり、若者なりの自分史が書けるはずだと考えました。

では、どのようにして自分史を書かせるか。そこで導き出したのが、「生い立ち」と「出会い」と「出来事」の三つによって、自分の「価値観」が決まるという仮説でした。

子どものころ、小中学生のころ、高校生時代……と順に振り返りながら、自分はどのような環境に生まれ育ったのか、自分に影響を与えた先生たちや友人たち、あるいは、本や映画や音楽との出合い、思い出に残る出来事などを、思い出していきます。それらは、自分の価値観に強く影響したはずだからです。

授業では、毎週、瞑想から始めました。時代を追いながら、記憶をたどり、思い浮かんだことを一つ一つメモしていく。いろいろな思いが脳裏によぎるのか、目に涙を浮かべる学生も出てきました。

こうして、「人生鳥瞰図」の左上の方の部分の元になる図が生まれました。

学生の就職指導から考案した「5W2H」の方程式

やがて、一期生も三年生になり、就職問題が浮上してきました。そこで、キャリア開発室を開設することになり、学生部長を務めていた私がキャリア開発室長を兼務することになりました。学生たちに、どのように志望先を選べばいいのか、指導しなければなりません。「私に合った仕事」の探し方です。

まず、仕事を行ううえで自分はどのような人材なのか、「自分像」を明確にする必要があります。

そこで、今度は、「性格」「関心」「能力」の三つの側面から「自分像」を描き出すという仮説を構築しました。

このなかで、「性格」については、当時、私が注目して研究会にも参加していた、「エニアグラム」という分析手法を採用しました。詳しくは後述しますが、日本エニアグラム学会によれば、概略は次のように説明されています。

エニアグラムという言葉はギリシャ語で、エニアは「9」、グラムは「図」を意味します。図の起源は古代ギリシャ、あるいは古代エジプトにまでさかのぼるともいわれています。

エニアグラムの性格論は、一九六〇年代につくられたもので、一九七〇年代から米国で精神医学や心理学の研究者が注目するようになり、理論を発展させてきました。いまでは、性格分析の手法として、人間学や心理学の分野で世界各国に広まっています。

日本でも、人間関係改善のために学ぶ人が増え、教育関係者、医師、心理療法士のほか、企業でも研修に導入するところが出ています。

エニアグラムは、人間の性格を九つの類型でとらえます。このような性格類型論は、似ている性格をいくつかのタイプにくくり、人の性格全体を網羅的にとらえようとします。

これには、ある人の性格の特徴の全体像を説明できるのでわかりやすく、性格をつかみやすいという利点があります。

「性格」「関心」「能力」をもとに「自分像」を導き出し、次いで、「私に合った仕事」を探し出す。この仕事探しは「5W2H」の方程式を使って行います。

まず、WHOは「自分像」です。ここが起点になります。

WHYは「価値観」。なぜ、その仕事を選ぶのか、自分の価値観が大きく影響します。

WHENは「時代」。これからどんな時代になるかを予測します。

WHATは職種。企業・組織には、さまざまな職務があります。それらは、企業・組織の経営資源、すなわち、ヒト・モノ・カネ・情報のうち、どの資源を仕事の対象にするかによって種類がわかれます。たとえば、企業の場合、ヒトが対象なら営業、モノが対象なら開発や製造、カネが対象なら経理、情報が対象なら広報・宣伝といった具合です。

WHEREは業種。いわゆる、業界です。

Hは二つあって、HOWは、仕事の内容を表します。もう一つはHOW MUCH、つまり、給与水準などを含む福利厚生の条件を意味します。

この5W2Hをもとに、「私に合った仕事」をリストアップするのです。

こうして就職指導の必要性から、人生鳥瞰図の右上の方の元になる図が誕生しました。

キャリア・ビジョンを考える

大学の卒業生たちは就職をして、今度は自らのキャリアづくりを始めます。では、キャリアとは何なのか。キャリア開発室長として、学生たちを社会に送り出してから突き当たったのは、そもそも、「キャリアとは何か」という問題でした。

キャリアの形成においては、仕事だけでなく、多様な学習や経験も必要です。そこで考えたのが、キャリアとは「仕事歴を中心とした学習歴、経験歴の総体である」という仮説でした。

仕事歴、学習歴、経験歴の三つの軸から、自分のキャリアの足跡、すなわち、「キャリア自分史」を作成し、これからのキャリア目標を導き、さらに、自らの天職を探る。

これが人生鳥瞰図の「ライフデザインの構築」になります。

こうして、学生たちに自分史を書かせる、就職指導をする、キャリア形成の指導を行うという三つの段階を経て、三つの図解ができあがったころ、キャリアカウンセラーの資格制度をつくるという話が、私のところに持ち込まれました。

それまでも、キャリア開発に関する資格制度はありましたが、総じて海外からの輸入品を翻訳したものばかりでした。そこで、日本発のキャリアカウンセラーの資格制度を創設しようという動きがあらわれたのです。

結局、この試みは実現しませんでしたが、その準備の過程で、それまで学生たちや卒業生たちに向けて、自分史づくりや就職指導、キャリアづくりをめぐって考えだした三つの図解を統合させてみました。

そこには、過去から現在に至る振り返りと、未来に向けた展望の両方が入っている。まさに、人生を鳥瞰することができる。人生という長い旅路の羅針盤となるこの図を「人生鳥瞰図」と命名したのです。

壮年期に向けて、「人生鳥瞰図」を描く意味とは

人生鳥瞰図がつくられた経緯からもわかるように、前半のパートの「人生テーマの発掘」はこれから就職する人が志望先を選ぶための図解であり、後半のパートの「ライフデザインの構築」は、就職した人がこれからのキャリア目標を考えるための図解です。

この人生鳥瞰図を、四〇～五〇代の読者が「壮年期」に向けて作成し、人生の棚卸しをする意味はどこにあるのでしょう。

読者の多くは、企業・組織で働いていることでしょう。二〇代のころに「私に合った仕事」として選んだ就職先でいまも勤務している方もいれば、その後、転職した方もいるでしょう。いま所属する企業・組織での仕事にやりがいを感じ、これからも続けていきたいと考えている方は「人生テーマの発掘」は必要なく、「ライフデザインの構築」のパートで、これまでのキャリアを振り返り深く掘り下げながら、単にその延長線上ではなく、次の展開に向けて、これからのキャリア目標を考え、「天職」を探っていくことになります。

一方、いまいる企業・組織での仕事が自分の天職からはほど遠く、同じテンショクでも、「転

職」を考えている場合は、本来は初めて就職する人に向けて作成された「人生テーマの発掘」のパートに戻ることになります。そして、「自分像」を確認するところから始めてもいいし、さらにさかのぼり、「価値観」を明確にするところから始めるのもいいでしょう。

二〇～三〇代と四〇～五〇代とでは、価値観や自分像が変化していることがあります。経験が豊富になれば、能力も、関心の対象も変化します。基本的な性格は変わらなくとも、性格のあらわれ方が変わってくることもあります。

また、価値観のもとになる生い立ちについても、たとえば、親に対する考え方が、自分自身、子を持つ親の身になってから変わり、それにより価値観も変化する可能性があります。

価値観や自分像が変化する場合、導かれる「私に合った仕事」も変化しているはずです。転職して始めようと考えている仕事と、その「私に合った仕事」が合致していれば、その転職は「天職への道」につながるかもしれません。

もちろん、いまいる企業・組織でこのまま仕事を続けるか、それとも転職するか、迷っている方もいることでしょう。その場合も、「人生テーマの発掘」を改めて行い、「私に合った仕事」をリストアップしてみれば、いまいる企業・組織がそれと合致するのか、ズレがあるのか、図上でシミュレーションすることもできるわけです。

このように、人生鳥瞰図は、自分とのコミュニケーションを通して、「個」としての自分を再発見し、自分で自分のキャリアカウンセリングをするためのツールといえるのです。

自分の「価値観」を発見しよう

ステップ1 「価値観」を抽出する

実際に人生鳥瞰図を作成してみましょう。ここでは、「人生テーマの発掘」のパートから始めます。

「人生テーマの発掘」は、次の二つのプロセスで構成されます。

○自分の「価値観」を明らかにする。

○「自分像」を確認し、「私に合った仕事」を明らかにする。

さらに、自分の「価値観」は、次の三つのプロセスで構成されます。

○自分の「生い立ち」「出会い」「出来事」の中で大きな影響を受けたことがらを書いてみる。

○「経済的豊かさ」「精神的豊かさ」「時間的豊かさ」「肉体的豊かさ」のうち、大切なものの優先順位をつける。

○自分の価値観を言葉で書いてみる、という展開です（**図15**）。

最初に、自分の「価値観」を明らかにしていきます。

人生テーマとは、「自分はどんな生き方をするか」という方向性を意味します。四〇〜五〇代の場合、「生涯にわたって自分が探究する目標」につながっていくものです。

その人生テーマの源泉となるのが、その人の「価値観」です。「あなたは何を大切にして生きていこうと思うか」という問いかけに対する答えです。

「価値観」は「生い立ち」「出会い」「出来事」の三つの要素によって形づくられると考えます。それぞれについて、次のような質問に自問自答して、「価値観発見シート」に記入します。

ステップ1―1　「生い立ち」「出会い」「出来事」を振り返る

①生い立ち

質問…あなたはどんな家庭に生まれ、両親にどのように育てられましたか。

家庭環境や暮らしぶりで印象に残っていること、影響を受けたことは何ですか。

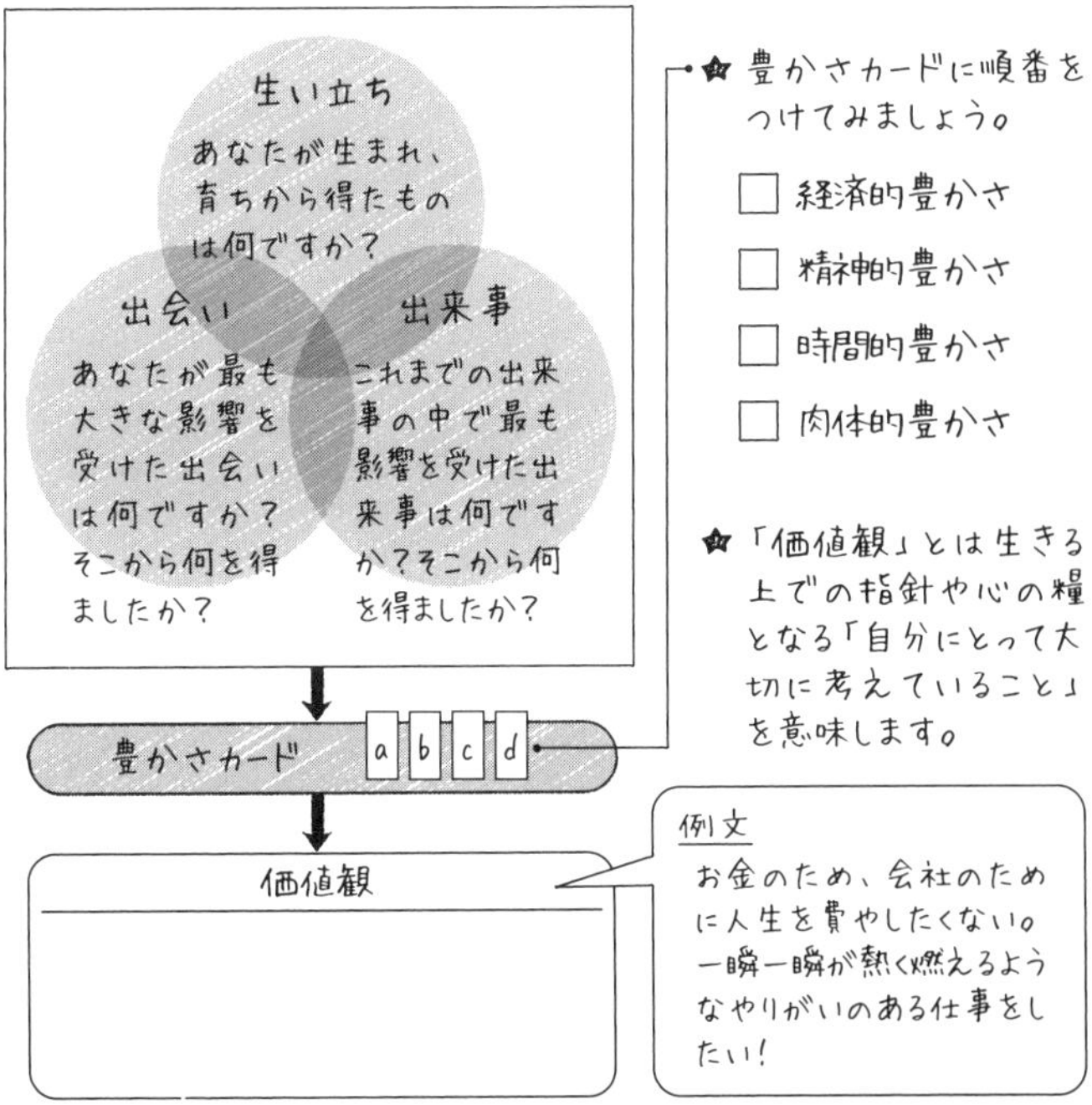

要素	質問	回答欄
生い立ち	●どんな家庭に育ちましたか？ ●両親はあなたをどのような子に育てたかったと思いますか？ ●あなたの家庭環境や暮らしぶりで印象に残っていること、影響を受けたことは何ですか？	
出会い	●これまでの出会いのうち、特に印象に残っているものは何ですか？	・学生時代 ・社会人時代
出来事	●これまでの出来事の中で大きな影響を受けたものは何ですか？	・学生時代 ・社会人時代

【図15】価値観発見シート

家族、家庭環境、地域環境、時代背景など、子どものころの生い立ちは、その人の価値観の形成の土台になります。

親の職業、父母との関係、家庭の経済状況、兄弟姉妹の人数と相互関係、自宅に訪ねてくる両親の友人や関係者たちの人間模様、近隣の地域住民との関係、子どものころの社会の動き……などは、あとになってみると、自分の価値観の形成に大きな影響を与えていることに気づきます。

②出会い

質問…あなたが最も大きな影響を受けた出会いは何でしたか。

その出会いから何を得ましたか。

人生という旅路には、人、本、映画、音楽など、さまざまな出会いがあります。

人であれば、尊敬する先生、大切な友人、信頼する上司……などから影響を受けたことも多いでしょう。衝撃を受けた本、迷ったときに救ってくれた先人の言葉などとの出合いにも私たちは大きな影響を受けます。

③ 出来事
質問…あなたが最も影響を受けた出来事は何ですか。
　その出来事から何を得ましたか。

自分が影響を受けた出来事、事件などを思い出してみましょう。たとえば、学生時代、クラブ活動に青春のエネルギーを投入したこと、就職した企業・組織での困難をきわめた仕事なども価値観に影響を与えます。

あるいは、阪神・淡路大震災や東日本大震災などの非常時でボランティア活動に従事したことのある人は、その経験から多くのことを得たでしょう。

時間に余裕のある人は、ここにあげた質問に対する答えを素材にして「自分史」を書いてみるのもいいでしょう。生い立ち、出会い、出来事を物語として文章化することにより、価値観をより深く理解できるようになります。

私の場合、三つの要素のなかで、最も影響を受けたのは、九州大学時代に入った探検部での経験でした。私が入学した一九六九年は大学紛争の影響で東京大学の入試が中止になった年で、キャンパスにはまだ学生運動の嵐が吹き荒れていました。私も時代の空気に巻き込まれ、一年生でも学生同士で議論するのが日常茶飯事でした。

そんなある日、二、三年浪人して、私より幾分人生経験を積んだ相手から、こう詰問されたのです。

「君がいっているのは、自分の意見か」

私は、その言葉が胸に突き刺さりました。実は、議論でもその前の日に読んだ本に書かれていたことをいっただけで、自分の意見ではありませんでした。それからというもの、学生運動からも遠ざかり、自分からは意見をいい出せない日々が一年ほど続きました。

すべてから逃げている。なぜ、こんな自分になってしまったのだろう。大学の近くにある丘に登り、夕日を見ながら自問して気づいたのは、自分には決定的に行動力が欠如していることでした。だから、言葉をもてあそぶだけになってしまう。

行動すれば、自分の意見を持てるようになるかもしれない。そう考え、二年生になって入部したのが探検部でした。初めのころは、装備係や食料係といった地味な仕事を自分から進んで担当しました。

すると、実践に裏づけられた知識がどんどん蓄積され、それをもとに、次第に自分の言葉で発言できるようになっていきました。

人はなぜ、探検をするのか。「外的世界の拡大は内的世界を深化させる」からだと私は考えています。行動範囲を広げると精神性が深まる。そのことを、私は活動を通して実感してきました。

この積極的な行動と発言が評価されたのか、三年生になるとキャプテンに選ばれました。これは自分を変え、自分を鍛える絶好のチャンスだと思い、リーダーシップのあり方を学んでいきました。

私は法学部に在籍しましたが、「九州大学探検部卒」と名乗るのは、探検部での経験が私の価値観のもとになったからでした。人生は探検である――。実際、私は民間企業から大学の教壇へと勇気を持ってこぎ出したように、探検家のような人生を歩むことになっていきました。

ステップ1―2 「豊かさカード」を使って、その優先順位をつける

「豊かさとは自由の拡大である」と第2章で述べました。豊かさについて考えることも、自分の「価値観」を探ることになります。

四枚の「豊かさカード」が示すのは、次のような豊かさ（自由度）を求める価値観です。

○経済的豊かさ（経済的自由）

第2章では「豊かな暮らし」について述べたときは、「幸せとは何か」がテーマでしたから、経済的自由とは、どうしても何かをしたいと思ったとき、お金がかかるという理由であきらめないですむという程度にはお金があるということだとしました。

ただ、価値観の尺度となると、「高収入を得たい」「経済的に安定した生活を送りたい」といった願望も含まれます。

○精神的豊かさ（精神的自由）

第2章では、精神的自由として、やりたいことをやる自由、そして、やりたくないことをやらない自由を例示しました。価値観の尺度となると、「社会的な貢献などやりがいを感じられることをしたい」といった社会性を持った精神的自由まで広がるでしょう。

また、人間は人とのつながりのなかで生きる生き物です。人間関係を大切にしてネットワークを自在に広げ、グループやチームで何かをなし遂げることができるようなコミュニケーションの豊かさ（自由）も、精神的自由に含まれます。

また、ものごとの本質を突き詰めたいと思い、専門的な知識や技能に磨きをかけていく専門性の追求も、精神的な自由といえるでしょう。

○時間的豊かさ（時間的自由）

やりたいことの優先順位が高いことがらについて、自分以外の事情によって阻害されないことを時間的自由と呼びますが、別のいい方をすれば、自分で時間をコントロールできるということでしょう。そのなかにはプライベートな時間も含まれる。総じて、充実した時間を過ごせるようになります。

○肉体的豊かさ（肉体的自由）

健康であること。どうしてもやりたいこと、やるべきことがあるとき、何らかの健康上の理由でやることができないという状態では、肉体的自由があるとはいえないでしょう。もちろん、四〇〜五〇代になれば、身体のどこかに不調が生じるでしょうが、医師の指導なども得て、自分で体調をコントロールできていれば、肉体的自由は確保できていると考えていいでしょう。

この四枚の「豊かさカード」を優先順位に沿って並べるのですが、その際、それぞれの豊かさ（自由度）について、なぜ、その順位なのか、その豊かさ（自由度）は自分にとってどんな意味を持つのかを考えてみることです。

第2章で、私が日航の次長職（部長職の一歩手前）から、宮城大学教授に転身したとき、四つの自由について、二勝一敗一分けで自由の拡大になったと述べました。経済的自由は減。肉体的自由は不変。研究者として最も必要な時間的自由と精神的自由は大きく増大する。

このとき、私は、「精神的自由・時間的自由→肉体的自由→経済的自由」のように優先順位を考えたわけです。

「生い立ち」「出会い」「出来事」の三要素から導かれる「価値観」が、概念的なものであるのに対し、「豊かさカード」の配置は、その価値観の概念が、経済・精神・時間・肉体のどの尺度と関係が深いかを示すものといえるでしょう。

たとえば、経済的に恵まれなかった生い立ちを持ち、裸一貫から巨万の富を築いた人物の自伝に出合って感銘を受け、「お金に不自由しない生き方をしたい」という「価値観」を持つに至った人は、経済的自由の優先度がいちばん高く、精神的自由・時間的自由は下位に位置するかもしれません。

また、利他的な精神を持つ親に強く影響を受け、発展途上国を旅して、経済的には恵まれなくても、互いに助け合って生きている人々と出会った経験を持ち、「世の中のためになることをしたい」という「価値観」を胸に抱いた人は、逆に精神的自由の優先度が最上位で、経済的自由は最下位になるかもしれません。

カードの配置は自分の内面を〝見える化〟します。それを自分で確認するだけでなく、他の人にも見てもらい、感想を聞くのもいいでしょう。新たな発見があるはずです。

また、カードの配置は年代によって順位が変わる可能性もあります。自分が二〇代のときはどうだったか、三〇代のころは何を優先したか、自分の価値観の変遷を考えることもおすすめします。

ステップ1―3　「価値観」のイメージを言葉に表してみる

ステップ1―1〜2をもとに、自分の心の糧や生き方の指針として「大切に思っている」ことのイメージが浮かんだら、簡潔に言葉で表現してみると、「人生テーマ」がわかりやすく頭に入ってきます。

このときは単語（キーワード）を導くとともに、短めの文章に表してみると心に強く焼きつくでしょう。

知識創造理論を提唱する世界的な経営学者である野中郁次郎・一橋大学名誉教授の理論によ

れば、人間が生み出す知のあり方は、「暗黙知」と「形式知」の二つの側面に分けることができるといいます。

暗黙知は、言葉や文章で表現することが難しい主観的な知で、個人が経験に基づいて暗黙のうちに持つものです。思いや信念、身体に染み込んだ熟練やノウハウなどは、典型的な暗黙知です。

一方、形式知とは、言葉や文章で表現できる明示的で客観的な知のことです。そして、新たな知識創造の源泉は、暗黙知にあると説きます。

暗黙知を言葉や文章で表し、形式知に変換する。すると、かかわりのあるさまざまな知と結びついて、より豊かな物語が生まれる。それをもとに実践することにより、暗黙知がより豊かになる。これが知識創造のスパイラルなプロセスです。

個人の「価値観」は、いわば暗黙知です。それを簡潔な文章で表してみる。たとえば、精神的自由や時間的自由を最優先する人の「価値観」をキャッチフレーズ的に表現すると次のような感じになるでしょう。

「お金のため、会社のために人生を費やしたくない。一瞬一瞬が熱く燃えるようなやりがいのある仕事をしたい！」

こうして暗黙知を形式知に変換すると、自分とかかわりのある「やりがいのある仕事」が次々と出てくる。それを実践することで、「価値観」が膨らんでいき、「人生テーマ」が明確になっていきます。

「豊かさカード」の順位が年代によって変わる可能性があるように、「価値観」を表すキャッチフレーズも、二〇代、三〇代のころと、四〇～五〇代では変化しているかもしれません。

大切なのは、その変遷をたどりながら、いまの「価値観」を明らかにし、「人生テーマ」を確認することです。

「自分像」を確認し、「私に合った仕事」を明らかにしよう

ステップ2 「自分像」を明確にする

人生鳥瞰図の「人生テーマの発掘」のパートでは、自らの「価値観」を導き出したあと、「自分像」を確認し、「私に合った仕事」をリストアップしていきます。

この仕事探しは「自分像シート」（図16）を作成し、「5W2H」の方程式を使って行います。まず、WHOは「自分像」。ここが起点になります。自分像も言葉で表現するのが難しい暗黙知の部分が多く占めますが、それを「性格」「関心」「能力」の三つの側面から形式知にして表し、自分はどんな人材であるかを自覚するのです。

ステップ2―1　WHO　エニアグラムを使って「性格」を客観的にとらえる

自分に合った仕事、すなわち、適職のゾーンを絞り込んでいくとき、「関心」や「能力」には目を向けますが、キャリア開発で意外と抜けているのが「性格」との適合性です。

私は、「性格」に合った仕事を選ぶのがいちばん適していると考えています。

キャリアデザインの目的は、自分自身を知り、個性や適性を活かすことにあります。そのため、まず、ありのままの自分を知ることが大切になってきます。

性格分析にはさまざまな手法がありますが、人生鳥瞰図では、自分を知るための有効で実用的なツールとしてエニアグラムを用います（図17）。

具体的な方法は、「二〇×九＝一八〇個」の質問に答えることで、自分の性格が九つのタイプのどの型にあてはまるかを確かめます（図18―1～9）。

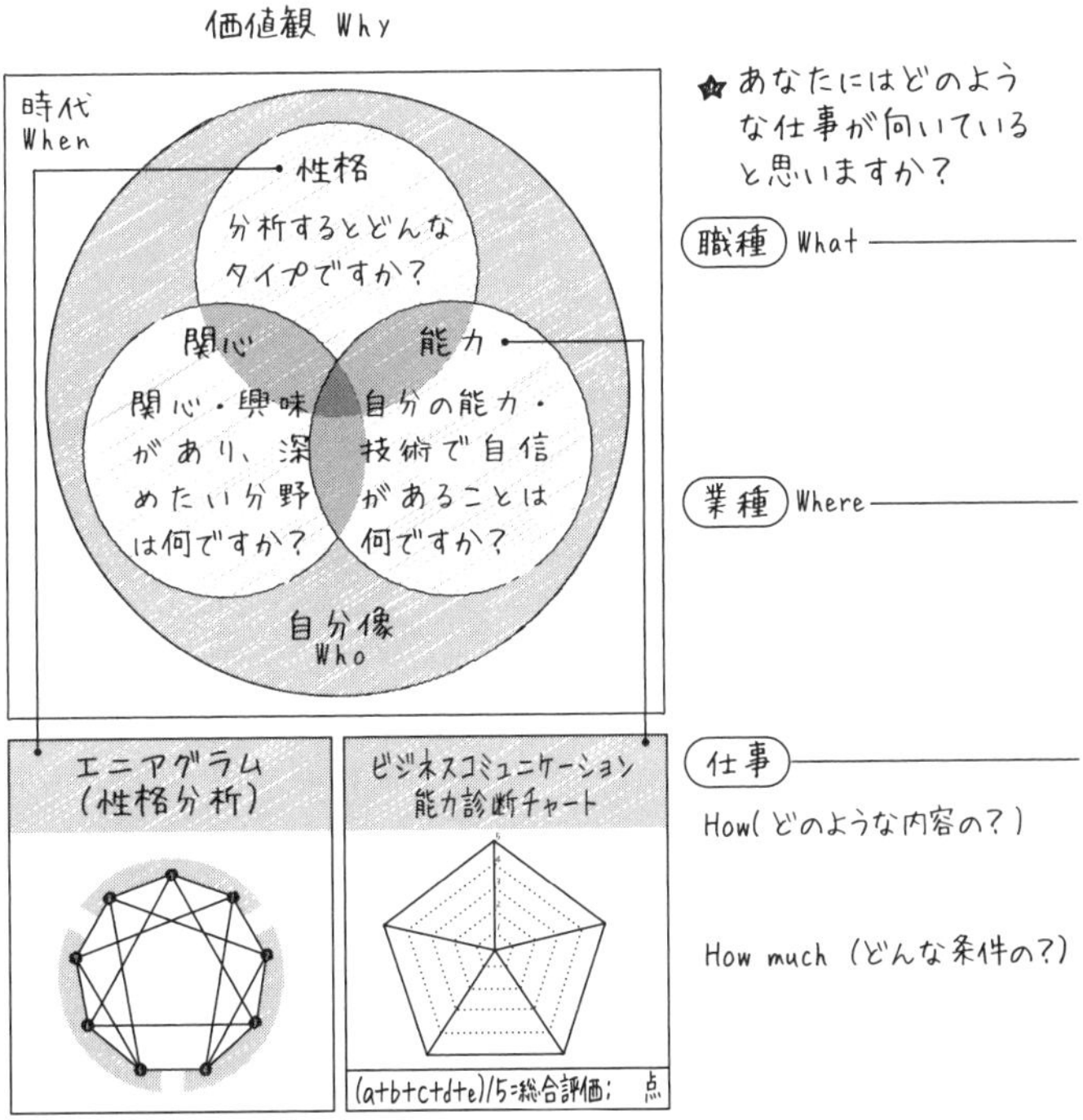

要素		質問	回答欄
価値観／Why		●生きる上で最も大切にしたいものをあげてください。	
時代／When		●これからどんな時代になると思いますか？	
自分像／Who	性格	●あなたの性格上の特徴を3つあげてください。	
	関心	●あなたの「関心・興味」の変化を思い出してください。	
	能力	●あなたが得意とする能力を3つあげてください。	

【図16】「自分像シート」5Ｗ２Ｈで仕事を選ぶ

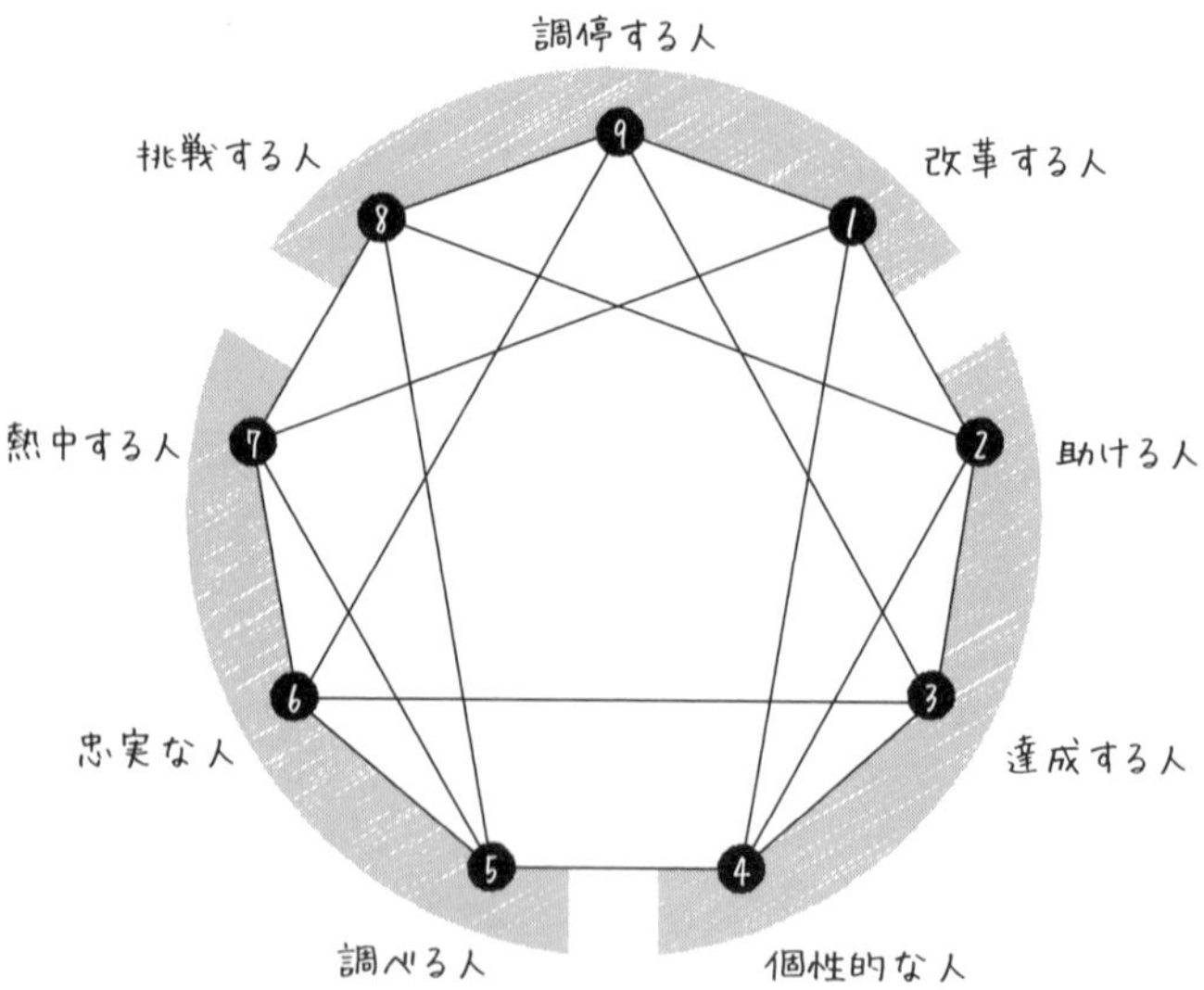

世の中は、この9つの性格タイプの人で構成されており、それぞれが補完し合うことによって、バランスが保たれているという考え方です。

【図17】エニアグラムの本質

「〇（イエス）」がいちばん多いタイプが、その人の性格を表します。

エニアグラムによるタイプ分けは、実際はさまざまなワークショップを行いながら確定していくものなのですが、紙上でチェックリストに答えるだけでも、おおかたの性格はわかります。

九つのタイプは、それぞれどのような性格を表すのか、以下、順に解説してみます。

それぞれの性格タイプに適した職業も併せて紹介します。

なお、九つの性格タイプは、優劣や良し悪しを表すものではありませ

タイプ1		チェック
1	自分の欠点を改めるために努力している。	
2	物事が「あるべき姿」でないといらいらすることがしばしばある。	
3	時間の浪費と思われることをしたり、付き合いをしたりすることは嫌いである。	
4	もっとよくやれるはずなのに、どうしてやれないのかと、しばしば自分も周りをも責める。	
5	小さいミスや欠点でも気にかかる。	
6	くつろぐのが下手で、冗談や洒落が簡単に言えない。	
7	頭の中で、自分の物差しを自分にも他人にもあてて批判する。	
8	他の人よりも取り越し苦労をして、心配性である。	
9	すべてのことに率直で正直でありたいと思っている。	
10	ウソやごまかしなど、人の道に外れたことはしまいと思う。	
11	物事は正しくあることが大切である。	
12	することがたくさんあるのに時間が足りなくて、いつもせきたてられている。	
13	自分はどのように時間を使ったか、細かくチェックしなければ気が済まない。	
14	几帳面で実直だが、小心者だと思う。	
15	悪いことは、どうしても許せないと、すぐ思い込んでしまう。	
16	物事が公正でないと悩み、当惑する。	
17	向上心が強く、もっと向上しなければいけないと思っている。	
18	他人に認められる前に、まず、自分が完全でなければならないと思う。	
19	しばしば欲求不満に駆られる。この自分も他人も、まだ完全ではないからだ。	
20	正しいか誤っているか、あるいはよいか悪いか、という基準で物事を見ようとする。	
	合計	

【図18-1】エニアグラム質問票（タイプ１）

ん。それぞれに独特の長所もあれば、短所もあります。社会ではどのタイプも違った面から役立ちますし、それぞれに社会に必要な存在として協力し合うことが求められます。

　その意味で、どの性格タイプも互いに尊重し合うべきものです。

▼タイプ1…改革する人

　理想に向かって努力する完璧主義者です。正直、公正、正義を心がけ、周囲と自分の向上をいつも目指しています。仕事は時間をかけて、きっちり行う傾向があります。完璧主義者なので、完璧ではない自分や社会に苛立ち、憤慨することもあります。

　理性的、論理的な面と、強い意志を活かすこ

タイプ2		チェック
1	自分は多くの人に頼られていると感じる。	
2	他人に奉仕することを大切に感じている。	
3	「他人にとって必要な存在でありたい」と過度に感じることがある。	
4	多くの人に親近感を持たれていると思う。	
5	他人を喜ばせるような言葉をかけることがよくある。	
6	人が困ったり、苦しい立場に立たされたりした時、助けたくなる。	
7	好き嫌いにかかわらず、人の世話をしてしまう。	
8	人々が慰めと助言を求めて、しばしば私のところにやって来る。	
9	人に頼られ過ぎて、重荷に感じることがある。	
10	自分自身のことは後回しにしがちである。	
11	人のためにしたことなのに、感謝されていないと思うことが時々ある。	
12	人々の「近く」にいることを感じたい。	
13	他人に利用されて、あたかも犠牲者になったような気が、時々する。	
14	「愛し愛されることこそ、人生で最も大切なことだ」と強く感じている。	
15	人と心の通い合う感動的な出来事が、私にとって大切である。	
16	人のために尽くすことにより、その人の人生に自分が大切な存在でありたいと思う。	
17	人が私の力で成長してくれるのが嬉しい。	
18	人々を助けるために、自分の自由な時間をしばしば使う。	
19	人が自分を気遣ってくれる以上に、人のために気遣っている。	
20	他人の世話をするのを好む。	
	合計	

【図18-2】エニアグラム質問票（タイプ２）

とのできる職業が適します。
◎適職…経営管理者、科学者、法律家、保険関係者、教師、整備士、外科医、司会、銀行員、人事担当者、財務職など

▼タイプ２…助ける人

困ったり、悩んだりする人がいると放っておけない世話好きのタイプです。一対一の世話が何より大切だと思っています。自分の仕事を後回しにしてでも、他人の面倒を見ようとします。相手が迷惑がったり、感謝しなかったりすると、怒ることもあります。

ほかの人と一緒に働く職場で、人を助けることのできる仕事が適します。
◎適職…カウンセラー、教師、看護師、介護

タイプ3		チェック
1	いつも何かしていることを好む。	
2	仲間と一緒に働くのが好きで、自分自身、よい仲間でありたいと感じている。	
3	仕事に対しては、正確かつプロフェッショナルであることを旨とする。	
4	物事を達成するには、組織化して、無駄なく効率的にやることを重視している。	
5	「成功」という言葉は、私にとって多くの意味を持っている。	
6	明確に目標を定め、その成果に向かって、今、自分が何をなすべきかをよく知っている。	
7	達成表や点数など、自分がやり遂げた実績を示すものを好む。	
8	物事を成し遂げる行動力を、人は羨ましがる。	
9	他人に対して、自分は成功しているというイメージを与えたい。	
10	容易に決断を下すことができる。	
11	目標を達成するためには、時には相手に合わせて妥協する。	
12	過去の失敗や間違いより、やり遂げたことを感じていたい。	
13	自分のしていることがうまくいっていないと言われることが大嫌いである。	
14	何かを続けていくことよりも、新しく何かを始める方が好きである。	
15	人から説得力があると言われる。	
16	自分の仕事の役割ほど大切なものはなく、自分の役割を果たしていないと気が済まない。	
17	物事も具体化し、認められなければ意味がない。	
18	他人と相対する時には、多くの成果を挙げているイメージが大切である。	
19	物事を達成し、自己主張する人間と思われている。	
20	第一印象は特に大切である。	
	合計	

【図18-3】エニアグラム質問票（タイプ３）

士、福祉士、俳優、営業、受付、秘書、スタイリストなど

▼タイプ3…達成する人

世の中での成功を目指しています。周囲の才能を見抜き、励まし、目標達成へと導くリーダータイプです。仕事に対しては、目的意識が高く、効率よくこなします。成功体験を自慢しがちで、失敗を話したがらない傾向があります。

指導者や管理者として、さまざまな分野で活躍できます。

◎適職…事業者、弁護士、金融関係者、広報・宣伝、アナウンサー、俳優、社会奉仕、コンピューター関係者、教師、保健厚生従事者など

タイプ4		チェック
1	多くの人々は、人生の本当の美しさと良さを味わっていないと思う。	
2	自分の過去に強い郷愁を感じる。	
3	いつも自然に、ありのままに振る舞いたい。	
4	象徴的なものに心が惹かれる。	
5	他の人は、自分が感じるように深くは感じていない。	
6	私がどのように感じているか、他の人にはなかなか理解できない。	
7	礼儀正しく、いつも品位を保ち続けたい。	
8	自分にとって周囲の環境は大切である。	
9	人生は劇場で、自分はその舞台で演じているような気持ちである。	
10	マナーの良さ、よい趣味は、私にとって大切である。	
11	自分を平凡な人間だとは思いたくない。	
12	失われたもの、死、苦しみを思う時、つい深い思いに沈んでしまう。	
13	時々、自分の感情をありきたりの形で表現したのでは十分でないと思う。	
14	余りにも自分の感じ方に囚われて感情が増幅し、一体どこまでが自分の感じ方なのかわからなくなる。	
15	人間関係がうまくいかないことに、他人よりも困惑する。	
16	自分自身を悲劇の主人公のように感じることがある。	
17	なんとなくお高くとまっていると、人から非難されることがある。	
18	感情の起伏が激しく、気分が高揚したり沈んだりするが、どっちつかずだとかえって活き活きした感じがしない。	
19	人々は私が芝居がかっていると言うが、彼らは私が実はどのように感じているか、何も理解していないのだと思う。	
20	芸術や美的表現は、私の感情を表す手段として非常に大切である。	
	合計	

【図18-4】エニアグラム質問票（タイプ4）

▼タイプ4…個性的な人

芸術的で、独創と感動を求めます。感受性が鋭く、人の気持ちを敏感に感じ取り、他人の個性を素早くキャッチします。仕事では、大きなグループに入りたがりません。他人から理解されないと不満を持ち、他人をうらみ、嫉妬することもあります。

人を奮い立たせたり、感動を与えたりする職業に向いています。

◎適職…芸術家、詩人、小説家、ジャーナリスト、教師、心理学者、臨床心理士、カウンセラー、デザイナー、イラストレーターなど

▼タイプ5…調べる人

博学の観察者タイプです。ものごとをじっく

タイプ5		チェック
1	自分の感情を表現するのは苦手な方だ。	
2	いつかは役に立つものと思って、何でも捨てないでため込む。	
3	何ということもない会話をするのが苦手である。	
4	総合的にものを見ているとか、いろいろな意見を要領よくまとめるといって、よく褒められる。	
5	思いがけない時に、いきなり人から「今どのように感じているか」と聞かれても答えようがなく、戸惑ってしまう。	
6	日常生活で、プライベートな時間と場所はどうしても欲しい。	
7	自分が率先して行うよりも、他の人に主導権をとらせる。	
8	自分が直接かかわる前に、じっと座って、他人のしていることを観察する。	
9	他人を避けて、一人でいるのを好む。	
10	自分を他の人々と比べると物静かだと思う。	
11	自分から他人の方へ出向くのが苦手で、頼みごとも言いにくい。	
12	問題が起きたら、自分で解決したい。	
13	自己主張することが下手だ。	
14	熟考することによって問題を解決しようとする。	
15	全体を見通して状況を掴んでから判断したい。何かを見落としていたら、自分自身が単純で軽率だったと自分を責める。	
16	自分の時間や、お金、また自分自身に関してもケチである。	
17	支払ったお金に見合う十分なものが得られない時は不満である。	
18	厄介なことが起きると、とかく自分や他人を「困ったものだ」と思う。	
19	話し声が静かなので、人から「もう少し大きな声で話をしてほしい」と言われ、その度にいら立っている。	
20	人に「与える」よりも、人から「取る」方である。	
	合計	

【図18-5】エニアグラム質問票（タイプ5）

り考え、データを集めて、慎重に行動します。何かを犠牲にしても、考え、学び、知識を蓄積していきます。仕事では、専門家として能力を発揮します。人とかかわりたがらず、考えすぎて、実際の行動を起こさない傾向があります。

優れた分析力を活かせる仕事、個人の資質に左右される仕事が向いています。
◎適職…科学者、技術者、コンピュータープログラマー、マーケッター、カウンセラー、音楽家、芸術家、作家など

▼タイプ6…忠実な人
対話を重視する組織人です。規則や規範を尊び、協力的で、豊かな感情を持っています。仕事では、命じられたことを忠実に実行します。

タイプ6		チェック
1	基本的に中庸をとる人間である。	
2	自分の所属するグループに対しては、忠実であることが大切だ。	
3	上司や先輩には、なかなか逆らえない。	
4	無視されたり、仲間外れにされたりすることは何より辛い。	
5	決断するのに時間が要る。様々な可能性について、十分調べておきたいからだ。	
6	自分がしなければならないことが自分に本当にできるかどうか、案じる場合が多い。	
7	取り越し苦労をすることがよくある。	
8	どちらかと言えば、石橋を叩いて渡る方である。	
9	社会や集団で生活する上で、法律や規範が大切である。	
10	たいていの場合、義務感と責任感から行動する。	
11	行動の基準や規則がある方が行動しやすい。	
12	臆病な方である。他の人々よりも危険や脅威に敏感である。	
13	急に自由な時間ができた時、どう使えばよいかと戸惑うことがある。	
14	矛盾や意見の対立にすぐ気づき、敏感に反応する。	
15	選択肢がいろいろとあるより、物事を決まった計画通りに運ぶ方が性に合っている。	
16	自分にとって脅威になるかどうかによって、人を判断することが多い。	
17	「慎重さ」は自分にとってとても大切だ。	
18	自分の中の「不安(恐れ、心配)」と闘っていることが多い。	
19	自分の立場を守ろうとする傾向が、他の人々以上に強い。	
20	自分が「英雄」の役割を演じているかのような空想に浸ることがよくある。	
	合計	

【図18-6】エニアグラム質問票（タイプ６）

誤ったことをしてしまうのではないかという不安のため、積極的にものごとを決められないこともあります。

チームの一員として能力を発揮します。ほとんどの職業に向いています。

◎適職…法律家、会社員、自営業者、公務員、事務職員、保健厚生従事者など

▼タイプ7…熱中する人

多様な人生を求める冒険者タイプです。陶酔感を好み、未来を計画し、夢を追います。仕事では深刻で嫌な場面でも、なんとなく明るく、楽しい雰囲気にしてしまいます。いつも明るく、陽気に振る舞います。やや落ち着きに欠けるところもあります。

タイプ7		チェック
1	他の人々と比べて、人を疑ったり、動機を詮索したりしない方である。	
2	何でも楽しい方が好きである。	
3	物事は、いつも良い方向へと展開していくはずである。	
4	他の人々が、私同様にもっと明るい気持ちでいればいいのにと思う。	
5	他の人から「幸福な人だ」と見られたいと、強く感じている。	
6	いつも物事の明るい面を見る。人生の暗い面には目を向けたくない。	
7	出会う人にあまり敵意を感じない。	
8	ジョークや明るい話が好きで、暗い話は聞きたくない。	
9	私は子どもっぽく、陽気な人間だと思う。	
10	パーティーなどでは目立ちたがり屋だと思う。	
11	「木を見て、森を見ざる」なのは困ったものだ。物事は広い視野でとらえるべきだ。	
12	「良いもの」は「もっと良く」と強く思う。	
13	悲しみは早く忘れよう。	
14	何事も、暗い現実に目をつぶってでも「素敵」と言えるようなものにしたい。	
15	苦労の生み出す「味わいのある人生」より「楽しさいっぱいの人生」を過ごしたい。	
16	未来に対して情熱を失うことはない。	
17	人々を朗らかにして、喜ばせるのを好む。	
18	無理してでも、「嫌なこと」はできるだけ避けて通りたい。	
19	一つのことに集中するよりも、次から次へと興味、関心が移っていく。	
20	自分の子ども時代を「幸福なものだった」と思うことができる。	
	合計	

【図18-7】エニアグラム質問票(タイプ7)

出張や旅行の多い職業に向いています。同時に複数の仕事に就くのも可能です。

◎適職…パイロット、キャビンアテンダント、写真家、起業家、調停員、教師、看護師、カウンセラーなど

▼タイプ8…挑戦する人

自信に満ち、他人に頼らず、実行に移す、活火山のような人です。本能的な直感が鋭く、簡潔で明快、率直です。仕事では、自然に備わっている力で周囲を引きつけ、人を動かすことを好みます。自分を頼る人は助けるが、対立する人は断固、排除しようとします。

難易度の高い仕事、強い責任や大きな困難をともなう仕事に向いています。

タイプ8		チェック
1	自分が必要とするもののために闘い、必要とするものを断固として守り抜く。	
2	相手の弱点を見つけるのが得意で、相手が挑戦してきたらその弱点を攻撃する。	
3	「嫌なことは嫌」と、はっきり言うことは当たり前のことである。	
4	必要とあらば他人との対決を恐れない。	
5	一匹狼と見られることがある。	
6	力を行使するのは気持ちがいい。	
7	グループの誰が権力を握っているのか、すぐ見分けが付けられる。	
8	攻撃的で自己主張が強いと言われるが、気の弱い面を承知している。	
9	物事をどのように進めていけばよいかがわかっている。	
10	「優しく」「上品」で「柔和」な態度がとりにくく、後悔することがある。	
11	何か必要性を感じたら、直ちに行動に移す。	
12	「不正義」に対しては断固として闘う。	
13	自分の権威や権限の下にある者はよく面倒をみるタイプ。	
14	自分は「かけひき」をしない人間だと思う。	
15	「自己反省」や「自己分析」にあまり関心がない。	
16	何事も、納得しないと動かない。	
17	自分の意にそわないことがらを我慢することが不得手。	
18	余計な世話を焼かれるのが嫌いである。	
19	他人からとやかく言われて自分を正すのは嫌である。	
20	自分の目的に適うことなら、全精力を注いでも悔いがない。	
	合計	

【図18-8】エニアグラム質問票（タイプ8）

◎適職…自営業、起業家、経営管理者、法律家、組合指導者、スポーツ選手、介護職、保険関係者、独立コンサルタントなど

▼タイプ9…調停する人

争いを嫌い、衝突を避けようとする平和主義者です。ものごとに拘泥しないで、落ち着き、安定しています。仕事では、想像力やビジョンがあり、創造的にもなれます。葛藤や不快なことが嫌いで、その状況に遭遇すると、逃げようとするところがあります。

ものごとを円満に解決できる能力を持っています。

◎適職…カウンセラー、外交官、公務員、医療関係者など

タイプ9		チェック
1	多くの人々は、物事にあまりにも力を使いすぎている。	
2	慌てて駆けだすことなど、人生には滅多にあるものではない。	
3	他の人から落ち着いていると言われる。	
4	何もしていない時が、一番好きである。	
5	私は、きわめておっとりしている人間である。	
6	眠れないことは少ない。	
7	多少の差はあっても、ほとんどの人は皆、大体同じだと思う。	
8	通常、物事についてあまり興奮しない。	
9	明日まで待てないというような、切羽詰まった気持ちになることは少ない。	
10	何かを始めるために外部からの刺激が必要である。	
11	必要以上の無理はしない。好んで苦労する必要はない。	
12	煩わしい思いはしたくない。	
13	「白黒をはっきりしろ」と言うけれども、どちらでもいいことが多いではないか。	
14	落ち着かないことは嫌いである。	
15	大抵、最も抵抗の少ない道を選ぶ。	
16	自分で、安定した人間であることを誇りとしている。	
17	波風が立たないように、相手に合わせて行動しようとする。	
18	自分自身をそんなに重要な人物と考えていない。	
19	もめごとには巻き込まれたくないし、争いを見るのは嫌いである。	
20	「座れるのになぜ立つのか、寝ていられるのに何故座るのか」という考え方に賛成である。	
	合計	

【図18-9】エニアグラム質問票（タイプ9）

以上がエニアグラムによる九つの性格タイプで、それぞれに異なった特徴を持っていることがわかるでしょう。

私がエニアグラムを知ったのは、たまたま知人にエニアグラムの紹介者がいたことがきっかけでしたが、その有効性を実感したのは、私自身の二つの体験によります。人生鳥瞰図から話は逸れますが、エニアグラムの面白さを知っていただくために紹介します。

一つは、エニアグラムを使って、私自身を分析してみると、タイプ3の「達成する人」で実に的確に性格を見抜いていたことでした。世の中での成功を目指すタイプです。

適職としては、事業者、弁護士、金融関係者、広報・宣伝、アナウンサー、俳優、社会奉仕、コンピューター関係者、教師、保健厚生従事者などがあがります。

小学生時代、私は巨人軍の長嶋選手のファンでした。ラジオ放送やテレビ放送の野球中継に夢中になったことから、私の最初のなりたい職業はアナウンサーでした。よく、「打った！ 打った！ 長嶋、打った！」などとアナウンサーの真似をして、家族を笑わせたものです。テレビのアナウンサーになったら、母親が毎日のようにテレビで息子の顔が見られるから、親孝行ができるとも、子ども心に思っていました。

中学生になって、憧れの職業は新聞記者に変わりました。高校時代には、『ある弁護士の生涯』という、平和主義者で知られた人権派の弁護士、布施辰治の生涯を描いた岩波新書を読んで、弁護士になって貧しい人を救おうと考え、法学部に入学しました。

大学に入り、探検部の門を叩いたのは前述のとおりです。就職は海外を〝探検〟する仕事ができるような会社に入りたいと、航空会社を受験し、日航に入社しました。

日航では、労務、広報、経営企画などの部門に籍を置き、四七歳で大学教授へ転じます。

こうやって振り返ってみると、アナウンサー、弁護士に憧れ、日航で広報マンを務め、教師になるという、タイプ3の適職に沿った流れになっているのがわかります。

何の脈絡もない、出たとこ勝負の支離滅裂な人生と思っていたのですが、エニアグラムの適職の範囲のなかで生きてきたことを発見して、驚いたものでした。

もう一つは、家族のそれぞれの性格を分析してみたことでした。

私には、妻と娘一人、息子一人がいます。一時期、わが家は家族で顔をつきあわせると、ケンカばかりしているような状態でした。家族なのに、どうしてこうなるんだろう。親として残念だったし、妻や子どもたちも、これではいけないと思っていたでしょう。

でも、なかなか思うようにはならず、顔を合わせると、またギクシャクする。そんなとき、エニアグラムに出合いました。

なんか面白そうだから、みんなでちょっとやってみようか。幸いにも家族全員が興味を持ち、チェックリストに答えてみることになったのです。

妻は、チェックに答える前は、自分ではタイプ2の「助ける人」だと思い込んでいましたが、結果は、タイプ7の「熱中する人」でした。多様な人生を求める冒険者タイプです。だから、私が口航の社員から大学教授へ転じ、東京から仙台に拠点を移すことにも、同意してくれたのかもしれません。ちなみに、結婚前はタイプ7の適職のなかの一つ、キャビンアテンダントを務めていました。

娘はタイプ2の「助ける人」、息子はタイプ5の「調べる人」でした。

このように、それぞれの性格はかなり違っていました。

妻は楽しいことが好きで、いつも旅行の計画を立てて、ワクワクしていました。その旅行の計画が流れてしまったときの落ち込みようも、また大きいものがありました。

娘は人助けをすることを生きがいに感じていて、自分のことを放っておいても、人を助けに行くところがありました。自分の部屋よりも、人の部屋をせっせと掃除したりもする。その娘は、その後、タイプ2の適職の一つである看護師になりました。

息子はもの静かで、人付き合いが苦手でした。人やものを観察して、シミュレーションをしてから行動に移すところがありました。

私の性格はいま述べたように、タイプ3の「達成する人」です。いつも目的意識を持って、自覚的に生きようとしている。そうした面は自分では長所と思っていますが、ときおり傲慢な態度が出てしまいます。

しかし、エニアグラムによって、自分の性格タイプを知って以降、その欠点を以前よりは少し抑えることができるようになったと自分では思っています。

それぞれの性格タイプを知ってからは、子どもたちへの接し方も変わっていきました。息子はタイプ5で、いまはじっくり考えているところだから、ここはせき立てずにしばらく様子を見よう。娘はまた自分のことは放っておいて、友だちのことを親身に考えているようだから、その気持ちを尊重してやろう。

こうして、わが家の家族関係は改善されていきました。これはエニアグラムの成果にほかなりませんでした。

エニアグラムの結果を参考にしながら、図16「自分像シート」の性格を書く欄に、自分の性格の特徴を三つ程度、書き出してみましょう。

ステップ2―2　WHO　「関心」「能力」をチェックする

自分像の残る二つの側面のうち「関心」は、年齢や環境とともに変化する場合が多いのですが、現在の最大の関心事を思いつくままにあげていき、そのなかから、最も関心のあることを三つぐらいに絞って、図16「自分像シート」の関心の欄に、書き出してみましょう。

「能力」については、「ビジネスコミュニケーション能力診断チャート」(**図20**)を使って、自分の基礎能力を定量的に測ります。

ビジネスに必要なコミュニケーション能力は「理解力」「企画力」「伝達力」であると述べま

したが、これに「行動力」と「意欲・態度」を加え、五つの要素で構成したのが「ビジネスコミュニケーション能力診断チャート」です。

「ビジネスコミュニケーション能力診断シート」（**図19**）の各質問に答え、五つの要素のそれぞれの平均得点を診断チャートにプロットしていくと、どの能力が強いのか弱いのか、全体のバランスはどうかが可視化されます。

その結果を参考にしながら、自分の能力・技術の中で自信のあることを、図16「自分像シート」の能力の欄に書き出してみましょう。

ステップ2―3　WHY　自分の「価値観」を確認する

ステップ1―1〜3で導き出した「価値観」は「人生テーマ」の土台であり、「私に合った仕事」について、なぜ、それが自分に合っているのか、なぜ、その仕事を選ぶのかという、理由を示しています。

したがって、「価値観」は適職ゾーンを絞り込むうえで重要な要素となります。ここで、自分が生きるうえで大切にしたいものを確認して、図16「自分像シート」の価値観の欄に書き出してみましょう。

大分類	能力項目	内容	素点				
			1	2	3	4	5
a.	問題発見、課題設定	問題点を見つける力、改善点を明確化する力					
	問題分析	課題を分析し解決策を見つける力					
	知識・技能	業務上必要な知識、技能、技術の習得					
理解力	経験	携わろうとする業務に重なる経験の蓄積					
	意思決定・判断	判断の正確さ、的確さ、スピード					
	状況判断	客観的に状況を判断し理解する力					
		平均素点	( )点				
b.	企画・立案	解決策や新規事業を企て立案する力					
	創造性・独創性	個性的な発想力、着眼点と創意工夫					
企画力	計画・構想力	課題達成までのステップを組み立て描く力					
	仮説構築力	柔軟な思考の展開で物事を関係づける力					
		平均素点	( )点				
c.	意思伝達、コミュニケーション	正確にわかりやすく自分の考えを伝える力					
	プレゼンテーション	効果的な提案に必要な表現力、PCスキル					
	他者理解、信頼構築	他人を理解し、相互の信頼を築く力					
伝達力	影響力	他人への影響力、カリスマ性					
	意見調整	相反する主張を調整する力					
		平均素点	( )点				
d.	職務遂行力、課題達成	障害やストレスを越えて計画を推進する力					
	組織貢献	組織全体の真の利益を優先する意識					
	トラブル対応	不測の事態でも落ち着いて対応する力					
行動力	業務管理	業務の進捗、業務分担を的確に行う力					
	定型業務処理	定型業務を正確に持続的に行う力					
	統率・リーダーシップ	目標に向けてメンバーをまとめ動機付ける力					
	体力・身体能力	業務遂行上優位な身体能力					
		平均素点	( )点				
e.	自己信頼	自分に対する自信、自己効力感					
	自己管理	自分を厳しくコントロールし、律する力					
	チャレンジ精神	困難に対して怯まず向かっていく気持ち					
	継続学習	自己啓発を継続する意欲、態度					
意欲・態度	時間管理	約束の時間を守ること、納期への意識の強さ					
	コスト意識	費用対効果、業務全体の損得を考えること					
	情報収集	広く詳しく情報を集める力、人的ネットワーク					
	顧客意識	顧客満足の意識、誰がお客かを見極める力					
	向上心	高いレベルの仕事に挑む意識、学び続ける力					
	責任感	担当業務を納期までに果たそうとする意欲					
		平均素点	( )点				
		総合素点					

【図19】ビジネスコミュニケーション能力診断シート

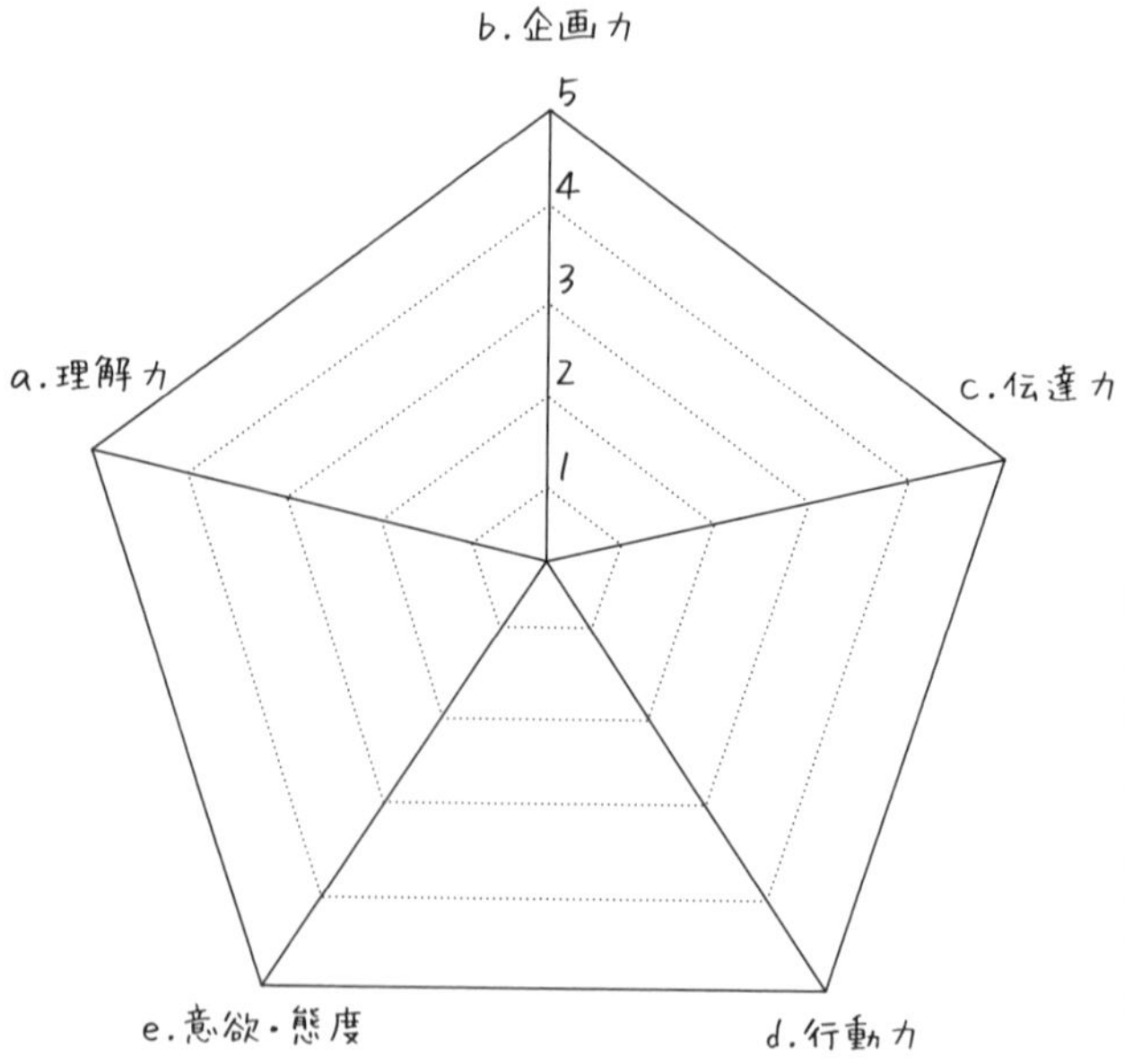

(a+b+c+d+e)/5=総合評価：　　　　点

取得している免許・資格
外国語能力
業務以外での実績・経験(趣味・ボランティア・人脈など)

【図20】ビジネスコミュニケーション能力診断チャート

ステップ2―4　WHEN　どんな「時代」が来るかを考える

政府の政策動向に注意を払い、新聞やニュースなどのマスメディアの情報を常にチェックし、ネットを駆使しながら、これからの「時代」を表すキーワードをピックアップします。

また、自分の仕事の周辺で頻繁に出てくる言葉や用語に注目すると、業界の流れや方向性も見えてきます。

一般的な「時代」の変化の方向性を示すキーワードの候補をあげてみましょう。

「アジアの時代」「大中華圏」「SDGs（持続可能な開発目標）」「地球の気候変動」「DX（デジタルトランスフォーメーション）」「人生一〇〇年時代」「少子高齢化」「地域再生」「デジタル民主主義」、また「ポストコロナ」「ウィズコロナ」も時代の転換を示す言葉になるでしょう。

「自分像」の「関心」の対象によって、ピックアップされるキーワードも変わってくるでしょう。これからどんな時代になるか、図16「自分像シート」の時代の欄に、キーワードも含めて自分の考えを書いてみましょう。

ステップ2―5　WHAT／WHERE／HOWで仕事を選択する

職種（WHAT）は、前述のとおり、経営資源のうち、どの資源にかかわりのある分野の仕事をしたいのかによって左右されます。ヒトに関心があるのか、モノに興味があるのか、カネの問題をきわめようと思うか、情報により価値を生み出したいのか。

業種（WHERE）は、いわゆる業界です。電機、自動車、IT、観光、飲食、小売・流通、衣料品、農林水産、福祉・介護、教育、医療、住宅……等々、「〇〇業界」といわれるものにとどまらず、地域再生、まちづくり、六次産業など、複合的な事業も含まれるでしょう。

二つのHOWのうち、HOWは仕事の内容を、HOW MUCHは経済的な待遇など仕事の条件を意味します。

これらについても、図16「自分像シート」の該当する欄に、記入してみましょう。

図16「自分像シート」が完成したら、「人生テーマの発掘」のパートを、再度なぞってみましょう。

「生い立ち」「出会い」「出来事」から「価値観」を抽出しましたが、これは現在の自分がいかに形成されてきたかの振り返りです。

父親の思想や行動原理、「人間にとって大事なことは何か」と語った言葉、あるいは、母親の生き方や口癖などに、自分はいまも影響を受けていると感じる人もいるでしょう。

尊敬する恩師、職場で出会った優れた上司、何かと面倒を見てもらった先輩、長く付き合ってきた心許せる畏友……それらの人たちの影響も大きくかかわっていると感じることもあるでしょう。

また、悲喜こもごもの出来事も数々あったはずです。

多くの人たちの薫陶や影響を受けながら、数々の出来事を経験しながら、どんな仕事が自分に合っているのか、職業選択に自分なりの判断をしながら、長い道のりを歩いてきたことでしょう。

その道のりを、人生鳥瞰図を使って構造的に理解する。それが、人生の棚卸しです。

そして、5W2Hで導き出した「私に合った仕事」がいま就いている仕事と合致している人は、仕事をしながら、日々、次のように感じているはずです。

「仕事に就いているときに、自己の能力を最大限に発揮できている。仕事をするたびに自己が大きくなっていく実感を得ることができる。そしてそのことが自己を磨き上げていくプロセスにつながっている。満足できる報酬も得ており、家族の幸福にも寄与できている。

そして、自分の属す組織の活性化にも役立っていると確信があり、その組織を通じて、地域、社会への貢献ができている」

もし、このように感じていたら理想的な状態で、あなたは天職に就いているといえます。

また、いまの仕事から別の仕事に転じようと考え、すでに転職先や転身先の候補が絞られていて、それが5W2Hで導き出した「私に合った仕事」と合致したら、あなたの判断は正しいことになるでしょう。

そして、その転職が「天職への道」につながるかどうか、次章で取り上げる人生鳥瞰図の後半パート、「ライフデザインの構築」で確認できるはずです。

問題は、いま就いている仕事と5W2Hで導き出した「私に合った仕事」とが合致せず、むしろかけ離れている場合です。その場合、すでに「中年の危機」を迎えているかもしれません。

このままで壮年期に入っていくのか、それとも、壮年期に向けて、新たな人生戦略を立て、改めてライフデザインを描いてみるか。その意欲があり、踏み出す勇気と気概があれば、次章へと読み進んでください。

第 5 章

過去、現在、未来を「見える化」する「人生鳥瞰図」の完成

「人生テーマの発掘」は〝土台〟、「ライフデザインの構築」は〝舞台〟

この章では、人生鳥瞰図の後半のパート、「ライフデザインの構築」について説明します。

「ライフデザインの構築」は、三つのプロセスで構成されます（**図21**）。

繰り返しになりますが、キャリアは「仕事歴を中心とした学習歴、経験歴の総体」です。

まず、キャリアづくりの三領域であるトーリーを振り返り、過去から現在に至る軌跡を深掘りする「キャリア自分史」を作成する。

次に、未来に向けて「キャリア目標」を立てる。そして、将来の夢をイメージして「天職への道」を探るという展開です。

「価値観」や「自分像」を明らかにした「人生テーマの発掘」のパートが、自分の〝生き方の土台〟になるとすれば、「ライフデザインの構築」は、仕事歴、学習歴、経験歴という領域でどのようにキャリアを積み上げ、人生を完成させるかという、〝生き方の舞台〟になるといえるでしょう。

まずは、「キャリア自分史」の作成です。

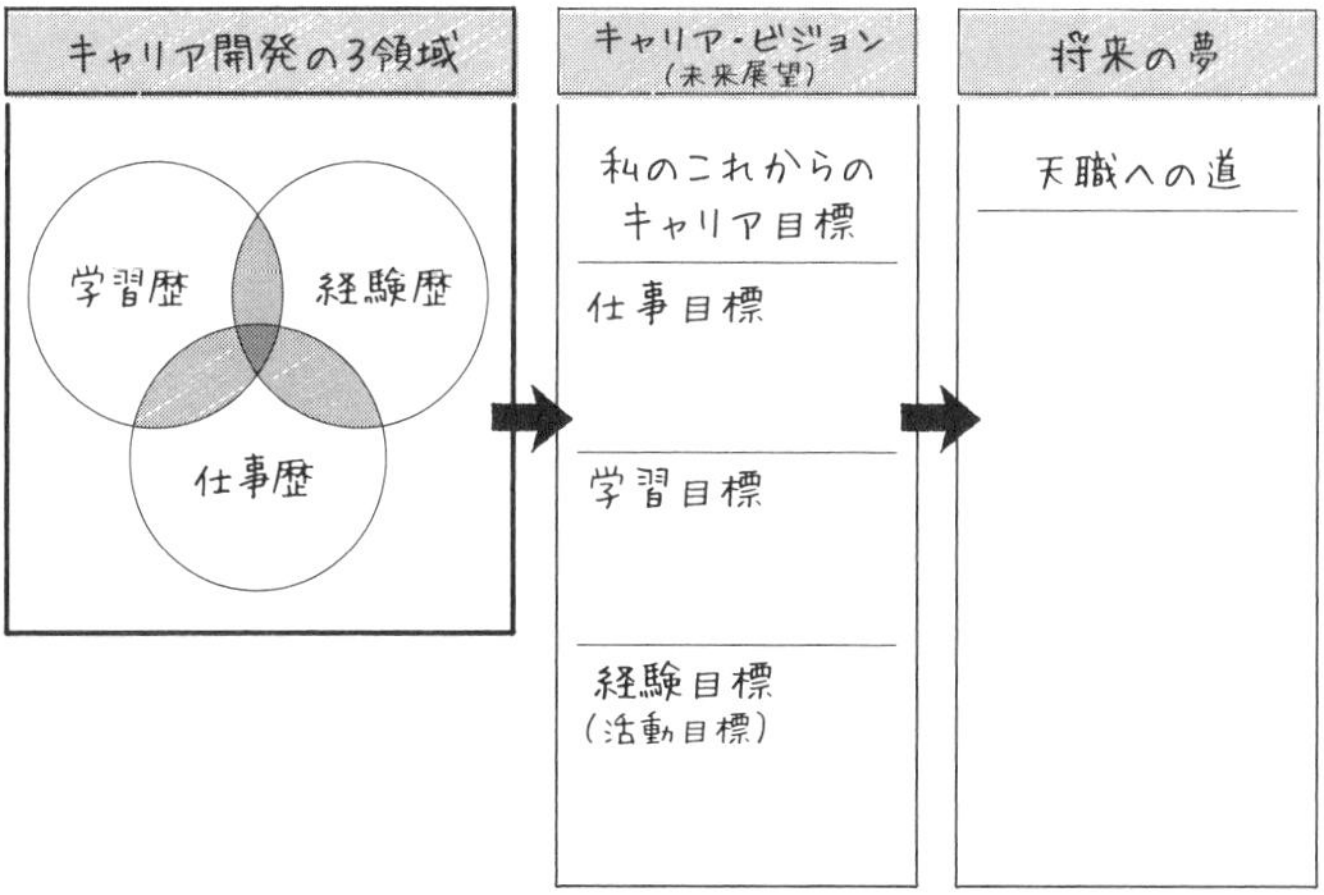

W 仕事歴

職場での「仕事歴」の中で、キャリアの転機となったものを3つあげてみましょう。

1. ______
2. ______
3. ______

L 学習歴

今まであなたが意識的に学んできて、身についていることを3つあげてみましょう。

1. ______
2. ______
3. ______

E 経験歴

あなたが今まで仕事以外で経験したボランティア、サークル、異業種交流など、特に印象に残っているものを3つあげてください。

1. ______
2. ______
3. ______

【図21】ライフデザインの構築

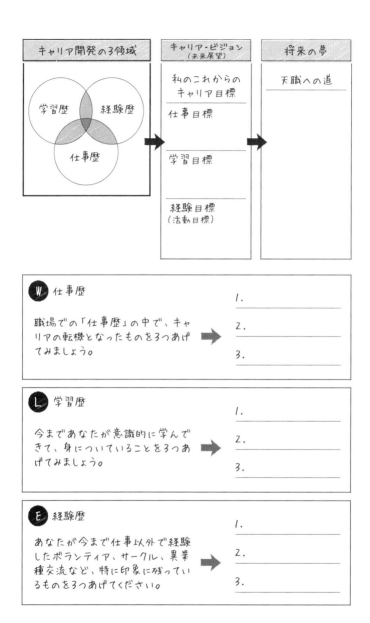

自分が歩んできた道のりを総括する自分史の作成は、あらゆる世代にとって必要となる自己確認の作業です。

自分の将来を考えていくには、現在の自分を知る必要があり、現在の自分を知るには、過去から現在に至る自分の歴史（自分史）を掘り起こす必要があるからです。

過去から現在に至る集大成が現在の自分です。単に記録として残すのではなく、現在の自分を知り、そこから未来を展望するために、自分史づくりが必要なのです。

ステップ3　「キャリア年表」をつくる

「仕事歴」「学習歴」「経験歴」を軸にキャリアを振り返る

「キャリア自分史」は、これまで積み上げてきた仕事歴、学習歴、経験歴をもとにして、現在の自分の姿を浮き彫りにするものです。

まず、自分の過去を掘り起こすための資料を集めます。過去の手帳や日記帳、名刺ホルダー、年賀状や手紙、写真、電子メール、さらに学生時代についても振り返るなら、卒業アルバム、成績表、卒業文集なども役立つ資料です。

これらを参考にしながら、自分の歩みを年表形式でまとめていきます。

年表は横軸に「年」と「年齢」をとります。そして、縦軸には「時代／節目」「社会や会社の動き」「仕事歴」「学習歴」「経験歴」をとります。

「時代／節目」の項目には、そのころ所属していた部署や役職などを書き込みます。「社会や会社の動き」は、その当時に起きた大きな事件や社会現象、社内に関しては、歴代社長、経営上の特筆事項などを記入していくと、記憶をたどるときの目安になります。

キャリアについては、「仕事歴」「学習歴」「経験歴」の三つの軸に分けて、過去の自分を多角的に検証していきます。

私の四〇代のころの仕事の動きの全貌を記述した年表（**図22**）を例として載せておきますので、参考にしてください。

事実の列挙ではなくストーリー性を持った年表にする

「キャリア年表」は、これまでの歩みをキャリアストーリーとして振り返り、自分自身を掘り下げるためのものですから、単に時系列に沿って事実を羅列していくだけでは、ストーリー性は生まれません。

	1994年	1995年	1996年	1997年	1998年	1999年
	44歳	45歳	46歳	47歳	48歳	49歳
	委員会事務局時代	次長			宮城大学時代 教授	
	自社さ連立政権	阪神・淡路大震災 オウム・地下鉄サリン事件 近藤社長	普天間基地返還に合意	ナホトカ号沈没	長野オリンピック サッカーW杯フランス大会	コソボ問題
		・業務改革委員会兼務 ・サービス・マーケティング		学長室長 県行革委員	学生部長 バリアフリー国体の提唱	県民サービス向上委員会委員長
		『入門 知的生産の技術』を出版		『図解の技術・表現の技術』を出版		『大胆図解・日本の白書』『自分傳説』『自分伝説V』を出版
	アル高校卒業	ドイツワイン科卒業	アル大学卒業			
		イギリス ドイツ	アメリカ ベトナム タイ 中国			ドイツ オランダ
		「知的生産の技術」研究会顧問				

年	1990年	1991年	1992年	1993年	
年齢	40歳	41歳	42歳	43歳	
時代／節目	日本航空広報部時代 （編集企画グループ）		日本航空サービス 課長		
社会や会社の動き	湾岸戦争 山地社長	ソ連崩壊	毛利さん宇宙へ 利光社長	クリントン政権	
仕事歴	（月）カレンツ創刊編集長 （月）おおぞら編集総括 おおぞらWeekly創刊編集長 Action Program創刊編集長 企業の社会貢献PRに着手		サービス委員会の立ち上げ	・経営革新 ・CS（顧客満足） ・サービス・マネジメント	
学習歴	『図解の技術』を出版	『企画とプレゼンの方法』を出版		『入門読書の技術』を出版 アルコール中学（アル中学）卒業	
経験歴	アメリカ 香港 ハワイ 「知的生産の技術」研究会代表幹事（知研）	ドイツ アメリカ ソ連 サイパン	アメリカ グアム	アメリカ イギリス ドイツ	

【図22】キャリア年表（40歳代）記入例　久恒啓一

たとえば、「仕事歴」には、そのときの役職だけでなく、課せられたミッションなども簡潔に記入しておきます。完成した年表を見ると、自分自身がどのように成長し、キャリアを発展させてきたかが俯瞰できるはずです。

「キャリア年表」は、毎年成長し、年輪を一つまた一つと重ねて生きた証しです。変化の速いビジネスの世界だからこそ、年表を一度完成させただけで満足せず、定期的に作成していく継続性が求められます。

そうすれば、三年前の自分、あるいは、去年の自分とどのように変わったか、第三者の視点から相対化し、客観的に評価することもできるでしょう。もし、読者が四〇代前半であるとすれば、五〇代が近づいたとき、自分はどのような人生戦略を立てればいいのか、課題が姿を現してくることでしょう。

ステップ4 「キャリアレコード」をつくる

「あらすじ」から「台本」へとブレークダウンする

「キャリア年表」を作成すると、過去から現在に至る自分の歩みを俯瞰することはできます。

しかし、自分の来し方を深く掘り起こすには、より具体的な描写が必要になります。キャリアストーリーをつくることは、まさに自らの人生を物語る行為にほかなりません。

物語は一般的に、プロット（あらすじ）とスクリプト（台本）から成り立ちます。「キャリア年表」は、いわば自分史というドラマの「あらすじ」であり、主人公の喜怒哀楽の感情の動きや、細かなエピソードまで描写するには「台本」が必要です。

そこで作成するのが「キャリアレコード」です。

「キャリアレコード」は「キャリア年表」で設定した「時代／節目」ごとに作成します。そして、その「時代／節目」において経験した「出来事」「出会い」「きっかけ」などを可能な限り具体的に記入します。

「仕事歴」であれば、自分が参加したプロジェクト名とその内容、進行の過程のほか、出会ったキーパーソンまで書き込むと、当時の自分が何を感じ、どう判断し、どのような行動をとったのか、具体的な記憶を鮮明に検証することができます。

ここで重要なことが二つあります。

一つは、「成果」を書き出すことです。もう一つは、成果の基準を会社や部署に置くのではなく、あくまでも自分にとって、どのような点でプラスになったかを示すことです。

年号	1987〜1991年	時代	広報部　時代	年齢	41歳

社会や会社の動き	80年代後半のバブルの絶頂期。会社も好調な業績をあげていた。

	出来事、出会い、きっかけ	成果
仕事歴	○業務・海外グループでテレビ・雑誌への広報を担当 出会い　須藤部長、市ノ沢課長 ○出版グループに部内異動 出会い　柴生田課長 ○編集企画グループ（名称変更）課長に昇進 ○日航財団設立に尽力 ○企業の社会貢献活動を全社的課題に	○企業広報誌・社内広報誌の6誌を担当 うち4誌を創刊 社会貢献グループ設置の方向へ
学習歴	○企業出版のプロデュースに取り組む ○広報や社会貢献に関する各種セミナーに積極的に参加 ○社外勉強会「知研」の毎月のセミナーに積極的に参加し、人脈をつくる	○『JALメカブラザーズの飛行機ふしぎ百科』を出版 ○広報論、企業の社会貢献論の確立
経験歴	○日経連社内報センター委員 ○「知的生産の技術」研究会代表幹事	○広報担当者ネットワークの確立 ○活発な著作活動を行った

【図23】キャリアレコード記入例　久恒啓一

会社にとっては失敗と見なされても、自分にとっては失敗から学び、大きな収穫になったこともあるでしょう。あるいは逆に、会社にとっては成功に位置づけられても、自分としては納得できず、後悔だけが残ったケースもあるかもしれません。

過去の自分を振り返ると、「なぜ自分はあんなことをしたのだろう」と、われながら不思議に思うことがあります。

「キャリアレコード」はその疑問に自問自答することで、真の自分を掘り下げることができるのです。

図23は私の「キャリアレコード」の記入例です。参考にしてみてください。

スランプの原因を客観的に判断できる

また、「あのときは仕事もプライベートも絶好調だったな」とか、逆に「あの時期は最悪だった」と、好不調の波も思い起こすことができます。

たとえば、スランプに陥ったスポーツ選手は、調子のよかったころのビデオを繰り返し見て、いまの自分との差を考えるといいます。同じように、キャリアレコードを作成すると、好調だった時代、不調だったころを、それぞれメタ認知（「もう一人の自分」から自分を見る）して、いまの自分と比べることができます。

新入社員のころと違って、いまは向上心も失せ、他人から学ぼうという姿勢も失ってしまっている人もいるでしょう。スランプの原因は、そんなところに隠れていることも、キャリアレコードは教えてくれるかもしれません。

自分史をつくることは、成長した自分を確認するだけでなく、失ったものも冷静に見つめて自省し、もう一度、意欲を取り戻すきっかけにもなるように思います。

ステップ5　「キャリアメモ」をつくる

「キャリアメモ」で自分を評価する

「キャリアレコード」は、いま述べたように、過去の自分を客観的に検証するための記録になります。その客観的な評価を記述するのが「キャリアメモ」です（**図24**）。

「キャリアレコード」を作成する際、主人公となるのはあくまでも「当時の私」です。当時の自分の視点に立って、キャリアストーリーを具体的に記述し、そのときの気持ちをそのまま書くことが求められます。

年号	1987〜1991年	時代	広報部　時代	年齢	41歳

仕事歴	社外広報と社内広報をバランスよく経験することができ、広報という仕事の幅の広さと奥行きの深さを十分に味わうことができた。マスコミに対する情報発信のカンドコロと社内情報の収集力を身につけることができ、社内・社外広報の連携による効果の最大化に挑戦できた。
学習歴	2年ごとの異動や昇進によって、関心分野の広がりと視野の拡大が可能となった。チャンスを存分に使って、各分野の専門家や時代の最先端を走る人たちとの交流を行い、学習と人脈形成が同時に達成できた。
経験歴	業界団体などの半ば公的な委員などの活動をすることによって、新たな体験とすぐれた情報源を持つこととなった。また、アフターファイブの勉強会の仲間たちと活発な著作活動に取り組む中から、多くの経験と実績を持つこととなった。

【図24】キャリアメモ記入例　久恒啓一

一方、「キャリアレコード」を作成した後、過去の自分を総括するのは「現在の私」になります。視点を過去から現在に戻し、「当時の私」が行ったことを冷静に評価する。「キャリアメモ」では、「キャリアレコード」に記述したことが、「現在の私」に影響を及ぼしているとすれば、何がどのように影響を及ぼしたかを評価するのです。

「キャリアメモ」は具体的には、「キャリアレコード」に書き込んだ「出来事」や「出会い」を振り返ったときに湧き上がる思いや感慨、あるいは、「成果」によって自分がどのように成長できたかという総括などを記入していきます。

「キャリアレコード」と「キャリアメモ」の書き分けが難しいようでしたら、「キャリアレコード」はビジネスパーソンとしての記録、「キャリアメモ」は自分史の〝作家〟の視点で書く自分の総括と考えればいいでしょう。

「キャリアレコード」は過去の記録ですが、「キャリアメモ」を作成することにより、作家が過去の人物を蘇らせるように、「当時の私」と「現在の私」をつなげることができるのです。

次に、「キャリアメモ」を作成するための、仕事歴、学習歴、経験歴の棚卸しの仕方を示します。

仕事歴の棚卸し――どんな仕事力を培ってきたかを自覚する

ビジネスパーソンは、仕事を一つひとつこなしていく過程で、さまざまな能力、すなわち、仕事力を蓄積してきたはずです。

社内の異動や昇進のたびに職務が変わってきたならば、どのような能力を身につけて、その職務を遂行してきたか。転職を経験したならば、新しい仕事に挑戦するなかで、どのように能力の幅を広げてきたか。

さらに、参画したプロジェクトやそこでの担当、仕事の内容、成果などを振り返ると、自信が持てるようになった能力やそれをどんな分野で発揮したかがわかるはずです。あるいは、上司や同僚、仕事先の人からの評価を参考に、どんな能力に優れていたか、自分なりの評価をしてみることです。企画力に自信がついた、メンバーの力を引き出すマネジメント能力で実績を積んだ、仕事を総合的にとらえる広い視野を持つようになった……等、自分の仕事力の向上ぶりを表現してみましょう。

学習歴の棚卸し――いままでに学習で得たものは何か

ビジネスパーソンは、仕事に必要と思われる分野について、さまざまなことを学習し、多様な知識を獲得してきたはずです。社内外の勉強会や研究会、セミナーへの参加にしろ、書籍の選択にしろ、仕事に関連したものが多かったでしょう。

もちろん、仕事には直接関係しなくても、個人的な関心や趣味から学び、習得したことも学習の成果で、それが結果的に、仕事に対する多様な視点をもたらしたこともあるでしょう。

それらの学習の成果を整理し、その意義をとらえ直してみると、それをこれからどう活かせるか、その可能性が見えてきます。

経験歴の棚卸し――自分に影響を与えた経験を振り返る

社外での異業種交流会、国内外への旅、ボランティア活動、組合活動、サークル活動……等々、誰もが仕事を離れた場で多様な経験を積んできたはずです。

特別な出来事ではなくとも、出会った人々との交流や自分がかかわった活動のなかで気づかされたり、発見したことでもかまいません。自分が影響を受けたこと、印象に残るものを拾い上げてみることです。

それらの経験から自分が得たもの、発揮した能力を成果としてとらえ直してみる。仕事歴や学習歴だけでなく、経験歴も掘り起こし、客観的に把握しておくことも、次のキャリアステップへとつなげるうえでとても大切です。

人生の「分岐点」は時間が経過してから気づくもの

「キャリアメモ」を書くために、「現在の私」の視点で、「キャリア年表」や「キャリアレコード」を眺めていると、「現在の私」へとつながる人生の分岐点を発見できます。

その分岐点は、自分の意思に関係なく、向こうからやってくるものもあれば、自分の意思に基づいた決断が、後の大きな発展につながったものもあります。

私の場合、三〇代半ばのころ、本社に異動する話が出てきました。異動先は人事部門か、資金部門か、広報部門のいずれかということでした。結果的に広報への異動が決定します。人事部門ならともかく、もし資金部門だったら、どのようなキャリアを進んだのか、おそらく、大学教授への転身はなかったかもしれません。

この異動は振り返ってみれば、小さな分岐点でした。ただ、広報部門で社外広報と社内報の編集にも携わり、「図解日本航空」を連載して、図解コミュニケーションに自信を持つようになり、『図解の技術』を上梓するに至ったこと、次いで、サービス委員会事務局に移り、社内改革を推進して戦略的思考に磨きをかけ、それが大学教授になってからも、大学運営に役立ったことなど、その分岐点を起点にして、自分が飛躍していったことを考えると、天が与えてくれた幸運だったようにも思えます。

あるいは、広報部門に異動になってから、完全民営化に向け、図解という自分のスキルを駆使して、社内の意識を統一しようと全力を尽くしたこと、そして、サービス委員会で社内改革に全身全霊を傾けたことが、結果として小さな分岐点を大きな分岐点にしたともいえるかもしれません。

「やったこと」だけでなく「やらなかったこと」も見る

「キャリアメモ」を作成する過程では、過去のことがらについて、後悔することもあるかもしれません。

人生には二種類の後悔があります。一つは、「なぜ、あんなことをしたのか」という後悔で、もう一つは、「なぜ、あれをやらなかったのか」という悔いです。野球にたとえるなら、空振り三振への後悔と見逃し三振の悔しさ、ともいえるでしょう。

「キャリア年表」と「キャリアレコード」に記述されるのは、過去に「やったこと」です。それに対し、「キャリアメモ」は、「やらなかったこと」も書き留めることができます。

同じ「やらなかったこと」でも、「あのとき、会社を辞めなくてよかった」のような、前向きな感慨もあれば、「やればよかった」という反省もあるでしょう。一般的に、やらずに後悔するより、やって後悔したほうがいい、といわれるように、「やらなかったこと」への後悔のほうが大きいかもしれません。「失敗した」と思うこともあるでしょう。

ただ、やらなかったのは、それなりの理由があったからでしょう。その理由をどう評価するかは人それぞれです。やらなかったから、「現在の私」があるのも事実です。

一九世紀に活躍したイギリスの批評家、トーマス・カーライルはこう語っています。

「失敗の最たるものは、失敗したことを自覚しないことである」

挫折や失敗のない人など、どこにもいません。問題は、それを認め、その経験を次へとつなげていけるかどうかです。そのきっかけになるのが「キャリア自分史」づくりです。

「やったこと」だけでなく、「やらなかったこと」も深掘りしながら書き進めると、クオリティの高い「キャリアメモ」ができあがり、「現在の私」の姿がより的確に理解できるようになるでしょう。

「キャリア年表」「キャリアレコード」「キャリアメモ」ができあがったら、それらを見ながら、図21「ライフデザインの構築」のなかの「仕事歴」「学習歴」「経験歴」の欄に、それぞれ三つ

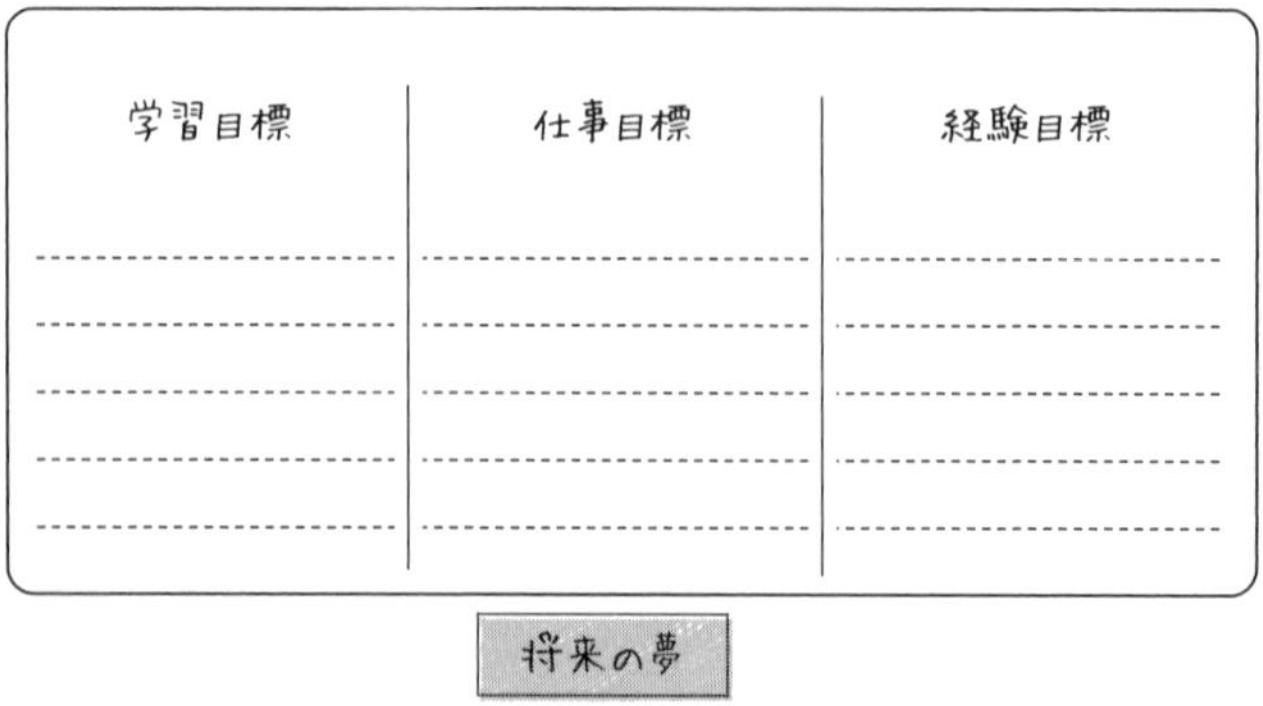

【図25】これからのキャリア目標

ずつ記入してみましょう。

ステップ6　「キャリア目標」を立てる

キャリアヒストリーとして過去を振り返ったら、次は未来に向けた「キャリア・ビジョン（未来展望）」を構想します。「キャリア目標」を立てる、「将来の夢」として「天職への道」を探るという二つのプロセスです。

壮年期に向けた「キャリア目標」は、まず、「将来、自分がどんな人生を送りたいか」、つまり、実年期（六五〜八〇歳）、さらには熟年期（八〇〜九五歳）に、どんなライフ（生活・人生・生命）を実現したいかという、自分が望ましいと思う「将来の夢」を思い描くことから始まります。

そこから、それを実現するための仕事、学習、経験の目標を立てます（**図25**）。

学習目標…将来の夢を実現するため、どのような知識や能力を身につけるか。
仕事目標…将来の夢を実現するため、どのように仕事力を高めるか。
経験目標…将来の夢を実現するため、どのような経験により人間力を磨くか。

その際、三年後、五年後、一〇年後……と、期限を区切って、具体的に目標を設定すると効果的です。仕事、学習、経験という三つの側面について、挑戦したいキャリアやより磨きをかけたいキャリアを、いつまでに実現するのか、未来展望を書き込みます。

ビジネスパーソンの場合、壮年期に向けては、やはり、仕事に関する目標や希望が将来的にもつながっていくでしょう。そこで、仕事目標を土台にして、それを実現するために必要な学習目標、経験目標について構想するのも一つの方法です。

ポイントは、それぞれの目標を別個のものとは考えず、相互関係を意識することです。

また、将来的な目標は一気に達成できることはないでしょう。一つの目標を達成して力をつければ、もう一回り大きな目標に挑戦できます。一歩ずつキャリアを積み上げていく発想が大切です。

それが、「天職への道」となっていくはずです。

ステップ7 「人生鳥瞰図」を完成させる

「人生テーマの発掘」と「ライフデザインの構築」。二つのパートを作成したら、最終的に人生鳥瞰図として一つにまとめます。実際に研修に参加された方が描いた「人生鳥瞰図」（**図26**）を例として紹介します。参考にしてみてください。

できあがった人生鳥瞰図を眺めてください。過去、現在、そして未来という人生の全体像を一望できるはずです。

「価値観」「自分像」「私に合った仕事」「キャリア目標」「天職への道」が、それぞれ関連性を持って、ひとつながりになっていることがわかるはずです。

人生鳥瞰図は、一度完成させ、俯瞰したら終わりというものではありません。

壮年期、さらには、その先の実年期に向けて、人生戦略を立て、ライフデザインを描くには、常に意識は未来に向けていなければなりません。

そして、もし、キャリア・ビジョンの方向性を変えてみようと思ったとき、あるいは、新しいキャリア目標に挑戦しようと思ったとき、もう一度、「自分像」（ＷＨＯ）をはじめとする5Ｗ2Ｈの適職探しに戻ったり、より大元の自分の「価値観」に立ち返って、そこからまた、人生鳥瞰図を作成してみてもいいのです。

行きつ戻りつを繰り返しながら、自分を振り返り、将来を展望する。そして、自らの可能性を信じて、「天職への道」を模索してください。

よく、「自分探し」という言葉が使われます。しかし、自分は探すものなのでしょうか。探せば、「本当の自分」が見つかるのでしょうか。私は、自分はつくるものであり、いくら探しても見つかるものではないと、考えます。

メーテルリンクの『青い鳥』の童話も、探し回ったあげく、結局は自分の飼っている鳥が青い鳥だったことに気づくという物語でした。

「現在の私」は「過去の私」の延長線上にあると考えがちです。確かに、「生い立ち」「出会い」「出来事」により形づくられた「価値観」や「自分像」が土台になり、キャリアという舞台で仕事歴、学習歴、経験暦が積み上がって「現在の私」があるのは事実です。

ただ、単に過去の延長線上にあるのではなく、その都度、未来に目を向け、何らかの可能性が見えたとき、過去から現在に至る自分を問い直し、「自分はどうあるべきか」「何をすべきか」を考えて、一歩一歩踏み出し、一段一段階段を昇って「現在の私」がある。そうやって、自分というものがつくられてきたのです。

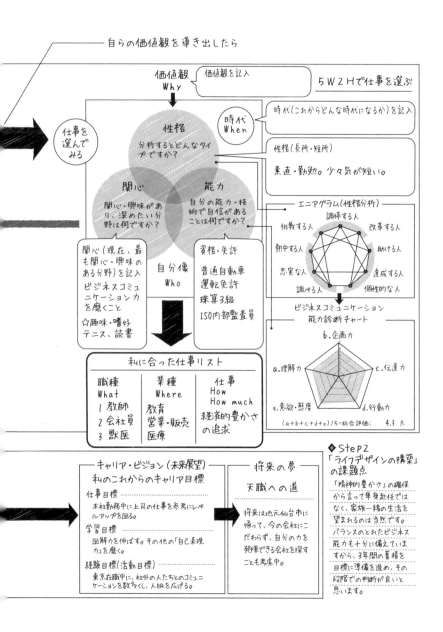

自らの価値観を導き出したら

5W2Hで仕事を選ぶ

価値観
Why

価値観を記入

時代
When

時代(これからどんな時代になるか)を記入

仕事を選んでみる

性格
分析するとどんなタイプですか？

関心
関心・興味があり、深めたい分野は何ですか？

能力
自分の能力・技術で自信があることは何ですか？

自分像
Who

性格(長所・短所)

素直・勤勉。少々気が短い。

関心(現在、最も関心・興味のある分野)を記入

ビジネスコミュニケーション力を磨くこと

☆趣味・嗜好
テニス、読書

資格・免許

普通自動車運転免許
珠算3級
ISO内部監査員

エニアグラム(性格分析)

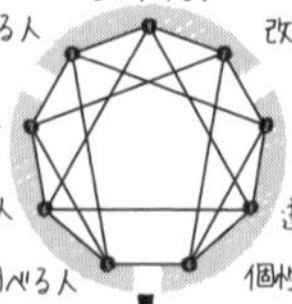

ビジネスコミュニケーション能力診断チャート

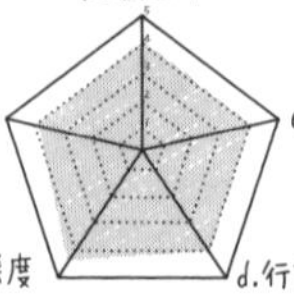

(a+b+c+d+e)/5=総合評価：　4.3 点

私に合った仕事リスト

職種 What	業種 Where	仕事 How How much
1 教師 2 会社員 3 獣医	教育 営業・販売 医療	経済的豊かさの追求

キャリア・ビジョン(未来展望)
私のこれからのキャリア目標

仕事目標

本社勤務中に上司の仕事を参考にレベルアップを図る。

学習目標

図解力を伸ばす。その他の「自己表現力」を磨く。

経験目標(活動目標)

東京在職中に、社外の人たちとのコミュニケーションを数多くし、人脈を広げる。

将来の夢

天職への道

将来は地元仙台市に帰って、今の会社にこだわらず、自分の力を発揮できる会社を探すことも考慮中。

Step2
「ライフデザインの構築」の課題点

「精神的豊かさ」の確保から言って単身赴任ではなく、家族一緒の生活を望まれるのは当然です。バランスのとれたビジネス能力も十分に備えていますから、3年間の蓄積を目標に準備を進め、その段階での判断が良いと思います。

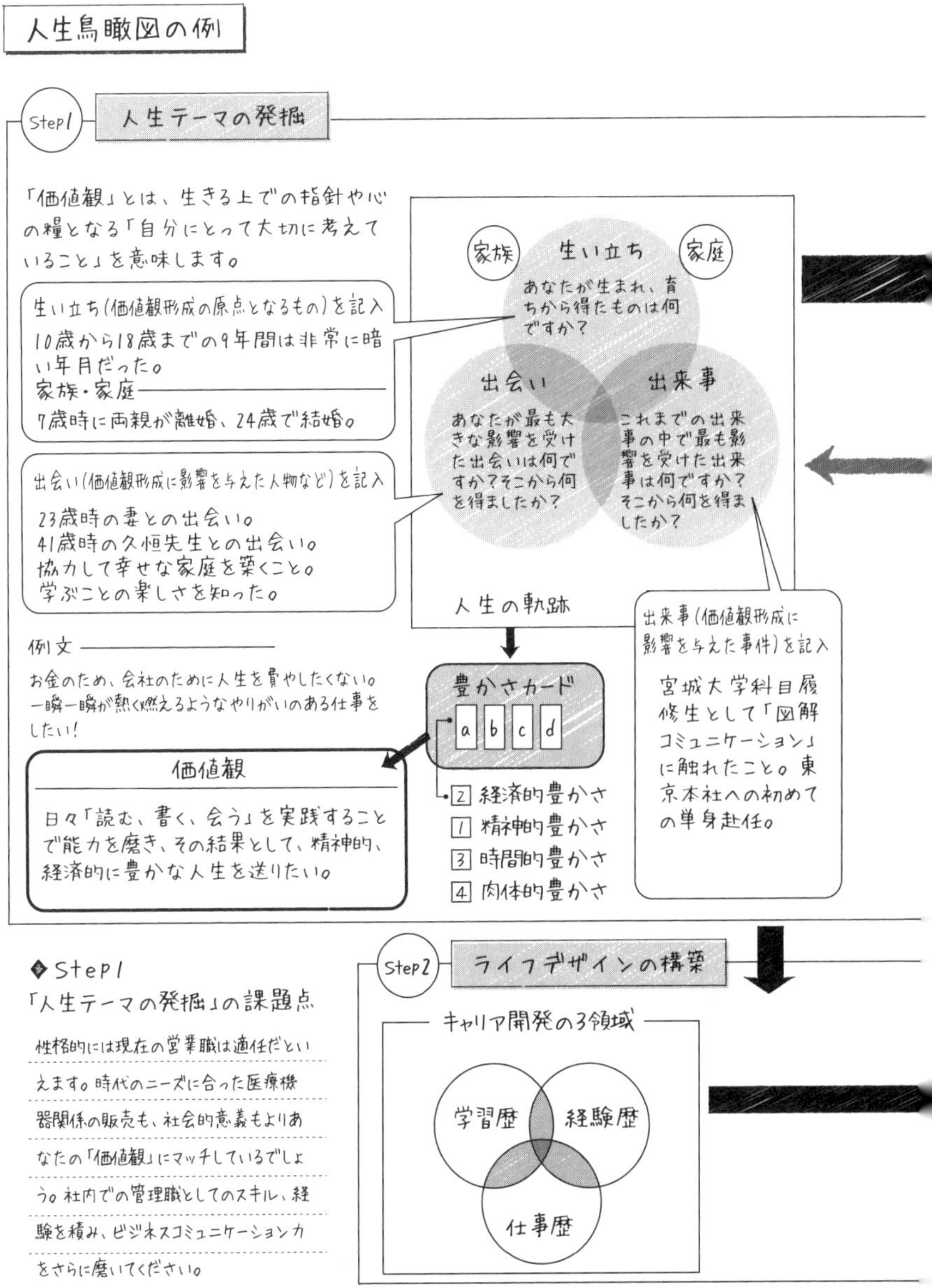
人生鳥瞰図の例
Step1
人生テーマの発掘
「価値観」とは、生きる上での指針や心の糧となる「自分にとって大切に考えていること」を意味します。
家族
生い立ち
家庭
あなたが生まれ、育ちから得たものは何ですか？
出会い
あなたが最も大きな影響を受けた出会いは何ですか？そこから何を得ましたか？
出来事
これまでの出来事の中で最も影響を受けた出来事は何ですか？そこから何を得ましたか？
生い立ち（価値観形成の原点となるもの）を記入
10歳から18歳までの9年間は非常に暗い年月だった。
家族・家庭
7歳時に両親が離婚、24歳で結婚。
出会い（価値観形成に影響を与えた人物など）を記入
23歳時の妻との出会い。
41歳時の久恒先生との出会い。
協力して幸せな家庭を築くこと。
学ぶことの楽しさを知った。
人生の軌跡
出来事（価値観形成に影響を与えた事件）を記入
宮城大学科目履修生として「図解コミュニケーション」に触れたこと。東京本社への初めての単身赴任。
例文
お金のため、会社のために人生を費やしたくない。一瞬一瞬が熱く燃えるようなやりがいのある仕事をしたい！
豊かさカード
a
b
c
d
価値観
日々「読む、書く、会う」を実践することで能力を磨き、その結果として、精神的、経済的に豊かな人生を送りたい。
2 経済的豊かさ
1 精神的豊かさ
3 時間的豊かさ
4 肉体的豊かさ
◆Step1
「人生テーマの発掘」の課題点
性格的には現在の営業職は適任だといえます。時代のニーズに合った医療機器関係の販売も、社会的意義もよりあなたの「価値観」にマッチしているでしょう。社内での管理職としてのスキル、経験を積み、ビジネスコミュニケーション力をさらに磨いてください。
Step2
ライフデザインの構築
キャリア開発の3領域
学習歴
経験歴
仕事歴

【図26】人生鳥瞰図の例

未来のこうありたい自分が見えてきたとき、同時に過去から現在に至る自分が浮かび上がり、一歩踏み出し、一段昇る意欲が生まれる。

織田信長を題材とした『下天は夢か』がベストセラーとなり、豊臣秀吉、徳川家康、武田信玄、上杉謙信など戦国大名について多くの歴史小説を著した作家の津本陽氏の次のような言葉があります。

「年齢を数える前に、わが意欲を思え」

大切なのは、自らの人生を開拓しようとする意欲です。一歩踏み出し、一段昇る意欲は年齢に関係ありません。

人生鳥瞰図はまさに「こうありたい自分づくり」のための図解です。

次の章では、実際に壮年期に向けて、新たな「自分づくり」を始めた事例を紹介し、それが、自然とその人の人生鳥瞰図に沿ったものになっていることを示しましょう。

第6章

「起承転転」の生き方を目指そう
——人生「遅咲き」の時代

「起承転結」から「起承転転」の人生へ

「起承転結」とは、日本人が小中学校のころに教わる文章の構成法です。

起…話や物語の始まりの部分で、事実や出来事を述べる。

承…「起」に続く部分で、「起」によって生じることがらや関連することがらを記したり、「起」についての解説や意見・感想を述べたりする。

転…「起・承」とは関係のない別のことがらや、話の流れが変わることがらを持ち出す。

結…全体を関連づけて、話や物語をしめくくる。

もともとは、四句からなる漢詩、絶句の構成法で、一行目から順に起句、承句、転句、結句と呼んだことに由来し、日本では本来の意味から転じて、文章の構成法として定着しました。

この「起承転結」は、人の一生の流れにもあてはまるように思います。自我が確立する一〇代のころから人生がスタートするとして、中学、高校、大学時代は教育を受け、社会人になるための素養を身につける時期で、これが「起」にあたるでしょう。

続いて、就職して社会人になるのが「承」です。

次いで、二〇代で仕事の基本を習得して、三〇〜四〇代が「転」の時期になる。その間、異動、転勤、転職など、さまざまな「小転」「中転」を経験する。

そして、五〇代になると定年が視野に入り、「結」に向けた人生を送る。

これが「起承転結」の人生です。

これに対し、私がこの本で提起したいのは「起承転々」の生き方です。

私が定義した「新・孔子の人生訓」にあてはめれば、少年期が「起」、青年期が「承」と「転」にあたります。

問題は、壮年期以降です。壮年期から「結」の人生を送るのではなく、未来にどうありたいかを起点にして発想し、壮年期に向けて新たに人生戦略を立て、ライフデザインを描く。それが「起承転転」の人生です。

「起承転転」の展開に挑む人は、壮年期から実年期に入るときにも、次の「転」が待っているかもしれませんし、熟年期を迎えるときにもまた「転」があり、「起承転転転……」の人生を送るようになるかもしれません。

「起承転結」で人生を終結させ、あとは衰えていくのを受け入れるか、「起承転転」で人生を新たに展開させながら完成させていくか、その岐路になるのが五〇代という年齢なのです。

この章では、五〇代で「起承転転」の生き方を選んだ二人の人物に登場していただきます。二人の生き方を人生鳥瞰図に落とし込んでみると、その選択がいかにその人らしい人生の送り方であるかが浮き彫りになってきます。

さらに、「起承転転」の人生を送った先人の例も紹介します。

「今日も生涯の一日なり」

啓蒙思想家で、慶應義塾大学を創設した福澤諭吉の言葉です。私の座右の銘で、自分のブログのタイトルにも使っています。

その日その日を精一杯生きる。壮年期に向けて「起承転転」の生き方を選んだ方の例を見れば、人生のあり方を改めて問い直すこの言葉の意味が実感できるでしょう。

「起承転転」の人生の事例①
社長の座を後進に譲り、地方で起業

一人目に紹介する中川敬文さんは、お話を伺った二〇二一年一月の時点で五三歳。その一〇カ月前の二〇二〇年三月まで、ＵＤＳ株式会社（本社　東京・渋谷区）という、社員九二八名（連結　アルバイトを含む）の会社の社長を務めていました。

ＵＤＳは、まちづくりにつながる事業企画・建築設計・店舗運営などの事業を展開しています。

中川さんは、自らの意思で退任すると同時に、ＵＤＳ時代に仕事上のかかわりのあった宮崎県の都農《つの》町という人口一万人の町に単身移住し、イツノマという、まちづくり事業を行うスタートアップ会社を起業します。

その生き方をひと言で表現するなら、まさに波瀾万丈そのものでした。五三年の人生を大学進学時からなぞってみましょう。

新卒でポーラに入社

中川さんは一九六七年の生まれ。出身は東京都文京区ですが、兵庫県西宮市にある関西学院大学へと進みます。ただ、初めは大学に進学しようとは考えていませんでした。

文系で、進むとすれば、経済学部、経営学部、法学部、文学部といったところですが、どれも興味が湧かない。一九八〇年代半ばは海外旅行がブームになり始めたころで、ツアーコンダクターという職業が脚光を浴びていました。

そこで、観光専門学校を志望し、調べ始めたところ、立教大学に観光学科があることを知ります。現在は観光学部になっていますが、当時は社会学部のなかにありました。ここで、社会学部という学部があることを知り、興味を引かれます。

調べると、社会学部は立教大学のほか、法政大学、明治学院大学、関西では関西学院大学、関西大学にありました。「人と違う選択をしてみたい」「自分の置かれた環境を変えてみたい」という意識の強かった中川さんは、東京出身者なら大半が進む在京の大学はあえて選ばず、関西系の大学に絞ります。

「なかでも関西学院大学を選んだのは、キャンパスが日本でいちばんかっこいいと思ったからでした」(中川さん)

一九八九年、大学四年に進み、就職活動の時期を迎えます。バブル全盛期の大量採用時代でした。大学時代、ダイビングに熱中した中川さんは、ダイビング雑誌の出版社の採用試験を受け、内定をもらいます。

ただ、「もう少し選択の幅を広げよう」と思い、「きれいなもの」「美しいもの」が好きだったことから、化粧品会社も会社訪問してみました。なかでもポーラでは、その年の入社まもない新入社員が採用担当を務めていたことに、「この会社は大きな可能性を秘めているのでは」と感じ、試験を受け、入社します。

ところが、入ってみると、主流の化粧品部門の男性社員は中年ばかりだった。「ここにいては若い自分は埋没する」と考え、新規事業開発部への配属を志望します。そして、化粧品とは関係のない清涼キャンディーの商品企画・マーケティング・営業の事業開発に携わることになります（代表的なヒット作は「ミンティア」。事業はその後、アサヒグループに譲渡される）。

明治、江崎グリコ、ロッテ、森永といった大手がしのぎを削る菓子業界にあって、ポーラは異端の存在です。問屋を回ってもなかなか相手にされませんでした。

ただ、ミンティアのターゲットは若年層で、中川さんは開発チームのなかでターゲットと同世代。販路の開拓では苦労しながらも、広告宣伝をはじめ、事業開発・マーケティングの面で貴重な体験を積み、仕事に全力を投入する日々を送ります。

コンサルティング会社に転職

入社して二年目に入ると、「ほかの仕事もしてみたい」という欲求が高まってきました。そんなとき、就職情報誌に掲載された、ＯＤＳという独立系コンサルティング会社の求人広告が目に留まりました。

ＯＤＳは、一九八〇年代に日本中で高まったコーポレート・アイデンティティー（ＣＩ）ブームの牽引役的な存在でした。オフィスは表参道にあり、社員のファッションも流行の先端を行く。中川さんは、社員の給料は全員で徹夜して議論して決めるようなオープンな社風にもひかれます。

条件は二五歳以上で、一歳足りなかったものの、「熱意だけで入れてもらいました」と中川さん。ポーラは一年九カ月在籍して退社。一回目の転職でした。

新潟県上越市に家族で移住し、二回目の転職

ＯＤＳでは、コンサルタントに必要なコンセプトのつくり方、ロジックの展開の仕方、プレゼンテーションの方法などのスキルを徹底的に教育されました。

ところが、次第にコンサルティングという仕事の限界を感じ始めます。徹夜で企画書を作成し、クライアントに提案しても、クライアントが決断しなければ、実現しない。提案したアイ

デアがクライアントの上層部に上がっても、最終的に社長室に積み上げられた報告書のなかに埋もれていき、そのアイデアが消費者に届くことはない。

その提案書自体、さまざまな分析手法を駆使し、ロジックをつなげて机上で結論を導くというやり方が、清涼キャンディー事業で、実際にモノづくりから販路の開拓、販売までの苦労を現場で経験した中川さんには「浅い仕事」のように感じられました。

仕事に限界を感じ始めたころ、新潟県上越市の約四万五〇〇〇坪（約一四万五〇〇〇㎡）の敷地に「日本でいちばん大きいパワーセンター（力のある大型安売店が集積する業態）」を建設するプロジェクトの案件が持ち込まれます。

プロジェクトのディベロッパーであるS社の本業は砂利採取業で、プロジェクトに必要な人材がいない。そこで、企画・開発・運営を依頼されたのです。

当然、仕事の舞台は上越市になります。社内で担当者を募ったところ、誰も手をあげず、ただ一人名乗りを上げたのが中川さんでした。

月曜から金曜日まで上越市に滞在し、週末帰京する。上司は東京にいて、月に一回ぐらいしかやってこない。中川さんは思う存分、能力を発揮し、S社の社長にも気に入られます。

「ほとんど自分に任されていたので本当に面白い仕事でした」と当時を振り返ります。

しかし、社員がほとんど上越市に常駐する形では、コンサルティング会社としてコスト的に採算が合わないと判断した上層部は、S社に解約を申し出ます。

中川さんは、平日、上越に滞在している間、S社の社長の保有マンションに間借りしていました。自身は体質的にお酒を飲めないものの、毎晩、飲みに出かける社長に付き合わされる日々を送り、意気投合していきました。

飲みに行くたびに、社長は上越市のよさをこんこんと語りました。中川さんは社長に、ODSとの契約が終わっても、「残ってくれないか」と頼まれます。当時、ポーラの同期入社の女性と結婚し、奥さんは妊娠中でしたが、上越市が気に入っていた中川さんは一九九三年、夫婦で移住を決意します。ODSには二年半在籍。二六歳での二度目の転職でした。

翌一九九四年、当時国内最大級の「上越ウィングマーケットセンター」がオープンし、中川さんは二七歳で店長に就任します。

安売りを重視したパワーセンター方式をとったショッピングセンター事業は大成功し、連日視察が絶えず、テレビ番組で特集を組まれるほど注目を集め、日経MJヒット商品番付では「大関」にランクされるほどでした。

ところが、予想外の展開が待ち受けていました。S社が投資詐欺に遭い、巨額の損失を計上し、経営破綻してしまうのです。表舞台から姿を消した社長に代わり、現場を預かる中川さんは、大挙、現場に押しかけてくる債権者との交渉の矢面に立たされることになります。

営業を続けながら、一年ほどかけて経営破綻の処理を済ませ、東京に戻ってきたのは一九九八年、三一歳のときのことでした。

二度目の経営破綻を経験後、社長に就任

東京に戻り、奥さんが働き、失業者の中川さんが子どもの面倒を見ながら、ハローワークに通い、就職活動を行う生活がしばらく続きました。そして、一九九九年に出合ったのが設立七年目、まだ社員一〇名ほどのベンチャー企業だったＵＤＳ（当時の社名は都市デザインシステム）でした。

「経営には失敗がつきものだから、実際に失敗した経験のある人間を探していたんだ」

不動産ディベロッパー出身の創業社長、梶原文生さんは中川さんの経歴に興味を持ち、将来の経営者含みで招き入れます。梶原さんは一歳年上でした。

中川さんは成果を出すことに注力し、二〇〇三年には三六歳で副社長に就任します。

二〇〇六年には、子どもが職業体験をできる施設「キッザニア東京」の開発を受託するなど、ＵＤＳは事業を拡大していきます。

ところが、ホテル開発の事業を進めている途中の二〇〇八年、アメリカで低所得者向け高金利住宅ローンの焦げ付きに端を発した、リーマン・ショックの引き金となるサブプライムローン危機が顕在化します。この余波でＵＤＳは不動産投資に失敗し、倒産。民事再生手続きを行うことになります。まさにジェットコースターのような展開でした。

このとき、かねて関係の深かった大手文具メーカー、コクヨから、「梶原さんと中川さんが事業を続けるのなら支援します」との申し出を受け、二〇〇九年、そのコクヨの子会社となって、社員二〇名の規模から再出発します。

翌二〇一〇年、中国から「北京にキッザニア東京のような子どもの職業体験施設をつくってほしい」という依頼が舞い込みます。

日本企業が中国で事業を行うとき、失敗するのは最終的な決裁権を持たない人材を派遣するケースが多かったことから、経営者クラスの人間が直接担当する必要があると判断した中川さんは、四三歳で単身での現地への赴任に手をあげます。

一年間、悪戦苦闘して職業体験施設の開業にこぎつけて帰国。二〇一一年、本格的にUDSの中国での事業を立ち上げるため、活動拠点を上海に移すことにした梶原さんに代わって、社長の座に就きました。

事業は順調に拡大。二〇一五年、小田急電鉄から出資の話が持ち込まれます。コクヨの了解を得て、小田急グループの傘下入りを決断（二〇一六年に完全子会社化）。その後ろ盾も得て、UDSはホテル事業、住宅事業、飲食事業、商業施設、公共施設、教育施設……などを次々と展開し、右肩上がりの成長が始まります。

ただ、小田急グループ入りする際、四八歳の中川さんは「五年間で後継者を見つけ、社長の役割を若い人に継承することを目標におきました」。そのときの思いをこう話します。

「UDSはアイデアとデザインとホスピタリティーを提供する会社です。経営者は若くあるべきです。いかに早く次の社長にバトンを渡せるかを目標にしたのです」

二〇二〇年三月二六日、中川さんは、二一年間在籍したUDSでの苦闘と飛躍の日々に、五三歳でピリオドを打ちました。この間、UDSは、民事再生手続き後の再出発時には二〇名だった社員数が、一一年で九〇〇名を超えるまでに急成長を遂げていました。

宮崎県都農町で「イツノマ」を起業

社長を退任したら、どうするか。ＵＤＳ時代に培ったまちづくりにつながる建築プロデュースのスキルを活かし、コンサルタント業や企業の顧問業を始める道もありました。しかし、中川さんの視野にはその選択肢はまったくありませんでした。

「これまでのささやかな実績、経験を糧に顧問業やコンサルティング的なことをするのは、個人的に性に合わないと思ったんです。〝昔の名前で出ています〟みたいで、なんかかっこ悪いなって」

ＵＤＳ時代の最後の数年間、中川さんは、特に地方・地域でのまちづくりに深くかかわる仕事に力を入れてきました。

「ＵＤＳでの仕事は、社会課題を解決しながら、利益が出る仕組みを構想し、かっこいいデザインと創造的なおもてなしによって、それを具現化するというものでした。五〇代のキャリアは社会課題の解決にフォーカスしたいと考えていたのです」

その社会課題の解決の舞台に選んだのが、宮崎県都農町でした。

人口約一万人。二〇四五年には六〇〇〇人を切るという試算も出ていました。高齢化率は四〇％近く。農業は後継者不足。唯一あった高校は二〇二一年三月の廃校が決まっていました。

中川さんは都農町を起業の地に選んだ理由をこう話します。

「日本全体も二〇四〇年には高齢化率が四〇％近くにまで上がります。つまり、都農町では二〇年後の日本を体験できる。少子高齢化が世界で最も速く進む日本は課題先進国といわれますが、その日本のなかでも都農町は、いわば〝課題先進地〟です。もし、都農町で課題を解決できるモデルをつくれれば、日本の地域が共通に抱える課題解決の先進例を示すことができる。

ぼくを都農町に引き寄せたのは、そうしたマーケットとしての可能性とともに、もう一つは、〝人のよさ〟です。町長をはじめ、まちづくりに携わる人たち、仕事のつながりで出会う人たちと、すごく波長が合ったのです。ぼくのキャリア史上、最高にウマが合った。気の合う人たちと仕事ができる。それは最高に魅力的でした」

「人からはじまる、まちづくり」。中川さんがイツノマを起業する際、掲げたスローガンです。まちづくりは、人がいなくてはできない。だから、まちづくりができる人を確保し、育てる。起業時は社員三人でのスタートでしたが、求人サイトで募集し、デジタル系人材を中心に七人の若者が都農町に移住してきてくれました。

中川さんはＵＤＳ時代、まちづくりの場づくりとともに、個人的にキャリア教育にも注力し、各地の高校、大学で講師を務めてきました。イツノマもまちづくりの場づくりとキャリア教育を事業の柱にしますが、都農町で新たに加わったのがデジタル事業でした。

都農町や一般財団法人つの未来まちづくり推進機構などの公式ホームページの記事作成や運営を受託。高齢者や子どもを含めた全町民がデジタルを活用し、多世代交流を促す「デジタル・フレンドリー」事業を都農町に企画提案しました。

「少子高齢化、人口減少の課題を解決するにはどうすればいいのか。町で若者の人口を増やすのは容易ではありません。ならば、高齢者の生産性を上げる。そのために必要なのはデジタル化です。そこで、高齢者の全世帯にタブレット端末を配布し、若者世代が高齢者に使い方を教える事業を町に提案し、実施を決定してもらいました。将来的には、イツノマが受託するウェブサイトの運営業務も高齢者にやってもらおうと考えています」

場づくりの事業も、使われていなかった築九一年の商店の店舗をリノベーションして、多世代交流サロン、キッチンラボ、ＩＴヘルプデスク、オフィスなどの複合施設として活用する企画・運営を受託。キャリア教育も、地元都農中学校で、「キャリア教育×まちづくり」をコンセプトとした学習プランに取り組み始めました。

こうして、中川さんのキャリア二期目が始まったのです。

イツノマの社名は、中川さんの好きな言葉「いつのまに」から、社名としていいやすい最初の四文字をとったもの。一文字目の「イ」と四文字目の「マ」の真ん中に「ツノ」の町名も入っています。

いま、時代の真ん中に都農がある――。対外的に使っているというキャッチフレーズに中川さんの心意気が表れています。

価値観の抽出――「自分の進む道は自分で決めたい」

ここで、中川さんのこれまでの歩み、五三歳での転身、そして、これからの進路について、人生鳥瞰図の各項目と照らし合わせながら検証してみましょう。

最初は「価値観」です。自身の価値観をひと言で表現してくださいとお願いして返ってきたのは、次のような答えでした。

「自分で自由に決められること」

それは、「生い立ち」のなかでも父親とのかかわりが大きく影響しているといいます。中川さんが話します。

「ぼくの祖父は大学卒業後、新聞社の役員を経て、テレビ会社の社長を務めた経営者でした。父も祖父と同じ大学に入り、学者の道に進んで経済学部の教授になりました。父は話していると話が難し過ぎる。一方、ぼくは楽しく暮らしたいと思うほうで、父とはあまり会話がかみあいませんでした。

中学は公立に入りましたが、高校は受験しなければなりません。進学先について、親から何かいわれるんだろうな、それが嫌で親と喧嘩するのも疲れるなと思っていたら、ある日、親から『高校はどこにするのか』と聞かれたんです。自分で決めるのが当然といった口ぶりでした。えっ、自分で決めていいんだ。たかだか高校受験の話ですが、自分の進む道は自分で自由に決めていいんだと、初めて気づかせてくれた。父と母は同じ都立高校の卒業で、ぼくも学力的にはその高校を受験するレベルでしたが、父と母がいた高校に入るなんて冗談じゃないと思っていたので、結局、自分で選んだ高校を受験しました。父は何もいいませんでした。

あとで父から聞いた話ですが、自分は祖父と同じ大学に入りたかったわけではなかったけれど、暗黙のレールが敷かれていたと。大学でも、体が小さいのに祖父と同じボート部に入った。『じいさんは昔の人だから、自分は親のいうことを聞かざるを得なかった。でも、オレは親としてそういうことはしたくないんだ』。父とはあまり話をしませんでしたが、それが、父が唯一、自分について語ってくれたことでした。

大学の進学先も、就職先も、ポーラを辞めるときも、一度も父には相談せずに、自由に決めました。『オレはあいつを信用している』。母の話では、それが父の口癖だったようです。いまから思うと親に超感謝です」

人生で大事なのは「自分で自由に決められること」である。中川さんの人生の足跡をなぞってみると、その「価値観」が、岐路に立たされたときの選択を後押ししていることがわかります。

大学進学の際、東京都文京区在住であるにもかかわらず、東京を離れて関西学院大学に入ったのも、ポーラで事業開発部を志望したのも、上越ウィングマーケットセンターを立ち上げるため上越市に移住したのも、いずれも、自由に動けることを求めて、自分で自由に決めたことであり、すなわち、「自由の拡大」を求めての選択でした。

そして、社員九〇〇名を超えるUDSの社長を退任し、都農町で社員一〇名のスタートアップ企業の社長に、という転身のベースになっているのも「自由の拡大」です。

この転身について、自由を構成する四つの指標でとらえてみましょう。以下は、中川さんの自己分析です。

「精神的自由は増えました。時間的自由は圧倒的に増えました。肉体的自由もしかり。経済的自由では収入の額面は下がりましたが、お金を使う機会がなく、支出も相当減ったので、ある意味トントンです。ただ、自分のなかで経済的自由は常にいちばん優先度の低い指標でした」

四つの指標をトータルすると「三勝一分け」。転身はまさに、「自由の拡大」をもたらしたことになります。

こうしてみると、一〇代のころに芽生えた「自分で自由に決められること」という「価値観」が、一貫して中川さんの生き方の指標になっていることがわかります。

「自分像」の確認——人と違う多様な経験を追求する冒険者

続いて、「自分像」について見てみましょう。まずは、「自分像」を構成する性格、能力、関心の三つの要因のなかでもキャリア選択に大きな影響を及ぼす「性格」についてです。

中川さんにエニアグラムの一八〇個の質問に答えてもらいました。性格の九つのタイプのなかで、「〇（イエス）」の数がそれぞれの質問二〇個中、一九個とほぼ満点に近かったのが、タイプ7の「熱中する人」でした。第4章で紹介した説明を再度引きます。

多様な人生を求める冒険者タイプです。陶酔感を好み、未来を計画し、夢を追います。仕事では深刻で嫌な場面でも、なんとなく明るく、楽しい雰囲気にしてしまいます。いつも明るく、陽気に振る舞います。やや落ち着きに欠けるところもあります。

出張や旅行の多い職業に向いています。同時に複数の仕事に就くのも可能です。

「人と違う選択をしてみたい」「自分の置かれた環境を変えてみたい」と関西学院大学に進学したのは、まさに冒険者です。ポーラでの新規事業開発、上越市に移住してのショッピングセンター立ち上げ、UDSでの地方・地域でのまちづくり、そして、都農町へ移住しての転身も、冒険者タイプそのものです。まちづくりのための場づくりとともに、キャリア教育に注力した点もこの説明にあてはまります。

続いて、「関心」についてです。詳しくはあとで述べますが、上越市に移住したときから、中川さんの関心の中心には「地方」がありました。

また、「能力」については、UDSを民事再生手続き後に社員数が二〇名から九〇〇名以上に拡大するほどの右肩上がりの成長を実現したように、総合的な経営力を培っていたことはいうまでもないでしょう。

「私に合った仕事」――「課題先進地」でまちづくり企業を設立

中川さんの転身に「私に合った仕事」を見つける5W2Hの方程式をあてはめてみましょう。冒険者としての性格を持ち、地方に関心を持ち、経営者としての能力と経験を備えた中川さんは（WHO）、自由に活動できる場を求め（WHY）、少子高齢化という現代の社会課題の解決に向け（WHEN）、スタートアップ起業を立ち上げ（WHAT）、地方におけるまちづくりを業務とし（WHERE）、地域の場づくりとキャリア教育とデジタル事業を手がける（HOW）。個人としては特に大きな収入は求めない（HOW MUCH）。

「課題先進地」都農町でのまちづくりのスタートアップ企業の立ち上げは、5W2Hの方程式から見ても、「私に合った仕事」であることがわかります。

キャリアの振り返り――「出会い」と「変化」が成長の源泉

「仕事歴」のなかで出会った三人の尊敬する人

五三歳で転身した中川さんは、これからどんなキャリアをつくり上げていくのか。

未来像を探る前に、ここでもう一度、中川さんのこれまでのキャリアを「仕事歴」「学習歴」「経験歴」を軸に検証してみましょう。人生の棚卸しです。

まずは「仕事歴」です。中川さんは仕事で出会った人々のなかで、強く影響を受けた人が三人いるといいます。

一人目は、ポーラの新規事業開発部のリーダーだったM課長です。中川さんは一つのエピソードを紹介します。

中川さんは新入社員で大阪での販路開拓を任されていました。ポーラは菓子業界では異端者。問屋を回ってもなかなか売れません。そんなとき、M課長が月一回の全国巡回で大阪にやってきました。一緒に地下鉄梅田駅を歩いていると、M課長が急に両手を広げ、「チョーチョ、チョーチョ……」と歌いながら、階段を降りていったのです。

「『ケイブンちゃん、仕事は楽しくやらないと売れるものも売れないぞ。お前はいま、仕事がつまらないっていう顔をしている。売れないときほど、チョーチョ、チョーチョでも歌って、笑顔をつくらないとな』。仕事を楽しむ。どんなに辛くても笑う。M課長に徹底的に叩き込まれました。いまでもぼくのなかに染みついています」

設立一年目で一〇名の社員を抱えたスタートアップ企業が、「人口一万人の町で食べていけるかどうか、不安をあげればきりがありません」とも語りますが、SNSなどを通じて、常に都農町をめぐる明るい話題を発信し続けているのも、「仕事は楽しく」の信条が染みついているからでしょう。

二人目にあげるのは、上越ウィングマーケットセンターを建設したディベロッパー、S社の社長です。在日韓国人二世で、父親は戦後まもなく韓国から入国して、裸一貫で砂利採取業を始め、年商一〇億円の会社に育てあげた立志伝中の人物。社長は二代目として、積極的に新規事業へチャレンジし、新たに挑戦したのがショッピングセンターでした。

「上越のことを本当に愛していて、ディベロッパーの経験もないのに、『大手資本ではなく、地元の会社が地元のためにショッピングセンターをつくらなければいけない』『いちばん安いものを品揃えして、消費する楽しさを地元の人たちに体験してもらう』と、ビジョンを掲げました。そのビジョンだけで、四〇人近くいた地主に四万五〇〇〇坪の土地を売ってもらい、銀行から四〇億円もの融資を引き出し、大手飲食チェーンや家電量販店の社長に直接アプローチして出店してもらった。人の心をつかむのが本当に上手な人でした。

ビジョンをしっかり持ち、共感してくれる人を探せば、事業とお金はあとからついてくる。事業は人の力でつくれる。だから、勇気を持って事業にチャレンジする。ぼくがイツノマを立ち上げる際、『人からはじまる、まちづくり』のスローガンを掲げ、〝人〟を最初に持ってきたのは、そのときの学びによるものなのです」

S社は投資詐欺にあって経営破綻。表舞台から姿を消した社長に代わり、中川さんが最終処理を行うことになりますが、「いまでも尊敬している」と話します。

三人目は、中川さんの失敗体験に共感し、UDSに招き入れた梶原さんです。建築プロデュースという仕事から、経営のやり方、会社のつくり方……と多くのことを学び、「いちばん直近の自分をつくっているのは、すべて梶原さんからの教え」だといいます。

三人と出会い、学んだことが、いまの中川さんをつくり、未来に向けて背中を押し続けてくれている。そんな構図が浮かび上がります。

「経験歴」で学んだ「環境を変えると成長できる」

中川さんは、なぜ、起業の地に都農町を選んだのか。都農町が〝課題先進地〟であること、出会った人々と波長が合ったことの二点をあげました。もう一つ、その理由を解くカギが「経験歴」のなかにあります。それは二七歳のときに上越市に家族で移住し、三一歳まで、四年間居住したことでした。

「ぼくは生まれも育ちも東京の都会っ子ですが、上越市に家族で住んで実感したのは、地方の暮らしのよさでした。東京では見たこともないようなホームセンターや作業着・作業用品の専門店などがあり、物価は安い。家からユニフォームを着たまま車で五分で職場に着き、幼い子どももぼくが働く店に来て、ぼくが働く様子も見られる。こんなに楽しい生活はないと感じました。

東京の人間は〝東京主語〟で日本を語ろうとしますが、人口の七、八割は地方にいる。東京と地方、両方で生活をしてみてわかったのは、伸びしろはどう考えても地方のほうにあるということです。

地方でも新しいことさえつくれば、楽しい生活ができる。可能性は絶対にあるのに、新しいことを企画する人間がいないだけだということを、当時、実感しました」

これは、「学習歴」とも関係しますが、「ＵＤＳで送った三〇代、四〇代も地方で活躍できるスキルを身につけた期間だった」といいます。上越時代、ＵＤＳ時代が、都農町でのいまにつながっているのです。

中川さんの「経験歴」のなかで、もう一つ大きな意味を持つのは、北京への一年間の赴任だといいます。副社長が自ら北京に赴いたのは、決裁権を持つ人間が行かないと失敗するとの判断のほかに、別の理由がありました。

「会社が民事再生手続きになるのは、経営者として大失敗です。自信は粉々、自分の能力に対する不信感しか残りませんでした。当時は四一歳でしたが、環境を変えて、もう一度ゼロから鍛え直さないと、この先二〇年はやっていけないだろうと思いました。

私のことは誰も知らない北京で、職業体験施設の立ち上げでものすごく苦労して思ったのは、それまで自分がいかに天狗になっていたか、ベンチャーであることを言い訳にしてノリだけで経営していたか、ということでした。それを思い知らされたことは、すごくいい勉強になった。北京にいた一年間は、自分のキャリアのなかでいちばん成長した一年でした」

環境を変えることで、自分を鍛え直し、成長を促す。北京での一年がなければ、都農町に移住して起業という転身もなかったでしょう。この「成長」についてはまた後ほど述べます。

「学習歴」で磨いた地方で活躍できるスキル

二〇代後半に上越市に家族で移住し、地方の可能性に開眼したものの、現地で勤めていたS社がつぶれ、東京に戻ってUDSに入った動機をこう語ります。

「東京に帰って、地方で活躍できるスキルを身につけようと思っていたとき出合ったのがUDSでした。

建物をかっこよくつくり、デザインだけでなく、コミュニティーが生まれる場もつくって社会的意義も実現し、しかも、儲かる仕組みも考えるという、梶原さんが考えていたスキルやメソッドは、まさにぼくが身につけたいと思っていたスキルでした」

「学習歴」に関していうと、まちづくりにつながる場づくりとともに、人づくりのためのキャリア教育も自身のテーマにしようとしていた中川さんは、UDS時代に、コーチングやキャリアカウンセリング、ファシリテーションの各種資格も取得しています。それは、地元の都農中学でのキャリア教育に活かされています。

自身の「学習歴」についてこう語ります。

「二〇代のときに、地方には伸びしろがあるというマインドを養って、三〇代、四〇代でまちづくりのスキルを徹底的に身につけたのは、ぼくにとっての収穫でした。そのスキルを活かし、これからは地方でどんどんやっていきたいという思いから、UDSでの最後の五、六年は、ほとんど地方の仕事しかしませんでした。その文脈で都農町とお仕事でご縁ができて、都農町で長居することにしたわけです」

青年期で培ったスキルを壮年期で花開かせる。

中川さんのキャリアの一期目の青年期は、キャリア二期目の壮年期のための準備期間でもあったといえるかもしれません。

「キャリア目標」と「天職への道」――自ら成長を続け、次世代に引き継ぐ

「自分で自由に決めること」とともに、中川さんにはもう一つ、大切にしている価値観があるといいます。それは、「自分が成長すること」です。

「五〇歳という年齢には〝魔物〟が棲んでいます。五〇歳までに実績を積んでおけば、〝昔の名前で出ています〟みたいに、六五歳くらいまでは何とかなると考えてしまう。五〇歳のときのレベルが一〇〇であるとすると、六五歳でも七〇ぐらいにはなる。でも、その発想がぼくは嫌でした。

人生が終わるときに一〇〇を上回っていたい。それには、五〇歳からも成長を加速させて、三〇〇ぐらい〝貯金〟をつくっておかないといけない。都農町で起業したのは、自分の成長のためでもあったのです。

もう一度、見ず知らずの地方に住んで、自分で資金を出して会社をつくり、社員を雇って、自分でやらざるを得ない環境をつくれば、もう一度成長できる。人生一〇〇年時代に、最後まで充実した人生を送るために、五〇代が大事なのだと思います」

場づくりとキャリア教育に加え、デジタル事業を始めたのも、自らの成長の舞台を広げる意味もあるといいます。

「イツノマに来てくれたデジタルネイティブの若い世代は、デジタルの知識とスキルを持っている。ぼくらはアナログ的なまちづくりとキャリア教育の経験がある。〝〇〇×デジタル〟で融合させれば、どんどん新しい提案ができる。ぼくも若い世代と一緒に成長していきます」

イツノマでのまちづくりの仕事は、中川さんにとって「天職への道」につながるのか。そう問うと、こんな答えが返ってきました。

「いま、いちばんやりたいと思っているのは、都農にローカルスターをつくり上げることです。実は創業二年目に向けて、閉校になる都農高校を卒業する女子と福岡のデザイン専門学校に進んだ女子を採用しました。二人とも都農中学の卒業生です。彼女たちはこれから都農をよくするためのことを一生懸命やりながら成長していくでしょう。

ぼくはこの二人を、自分が持っているものを総動員して、都農のローカルスターに育てあげたい。そうすれば、中学生たちも、都農でも楽しく仕事ができると思ってくれる。それが、『人からはじまる、まちづくり』です。ローカルスターづくりが自分の仕事として確立すれば、それが天職になるかもしれません」

ライフの三つの意味。生活、人生、生命。都農町でのまちづくりに奮闘する日々の生活を通して、成長し続ける人生を送り、自分のなかに積み上げたものを次の世代へと引き継ぐ。

中川さんの来し方行く末を人生鳥瞰図（**図27**）で見ると、「価値観」と「自分像」をベースに、「仕事歴」「学習歴」「経験歴」の積み重ねのうえに、壮年期に向けた人生戦略がつくられ、新しいライフデザインが描き出されたことがわかります。

おそらく、中川さんは壮年期の次の実年期を迎えるときには、イツノマは後進に託し、また、起承転転の人生を展開されることでしょう。

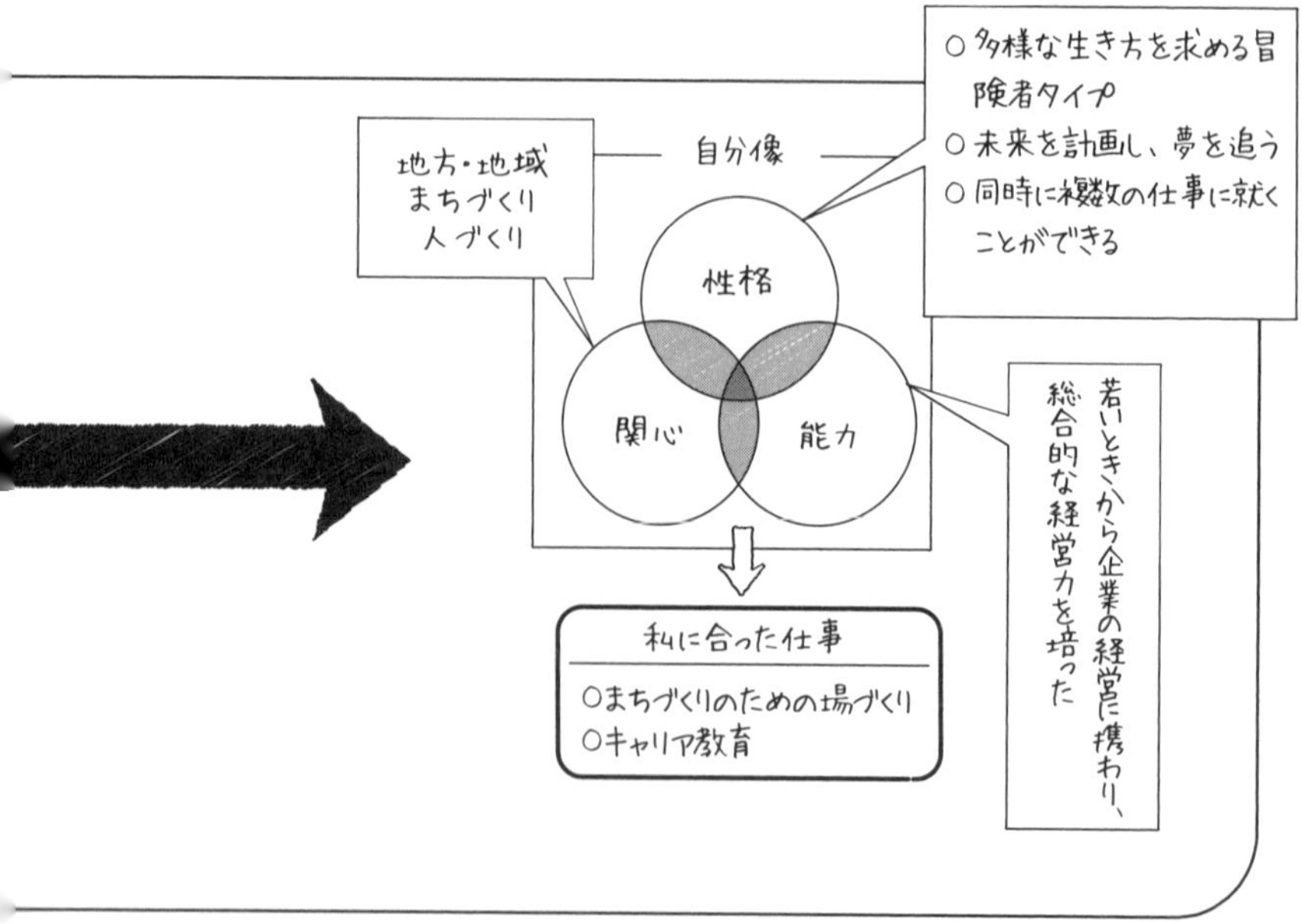
自分像
地方・地域
まちづくり
人づくり
○多様な生き方を求める冒険者タイプ
○未来を計画し、夢を追う
○同時に複数の仕事に就くことができる
性格
関心
能力
若いときから企業の経営に携わり、
総合的な経営力を培った
私に合った仕事
○まちづくりのための場づくり
○キャリア教育

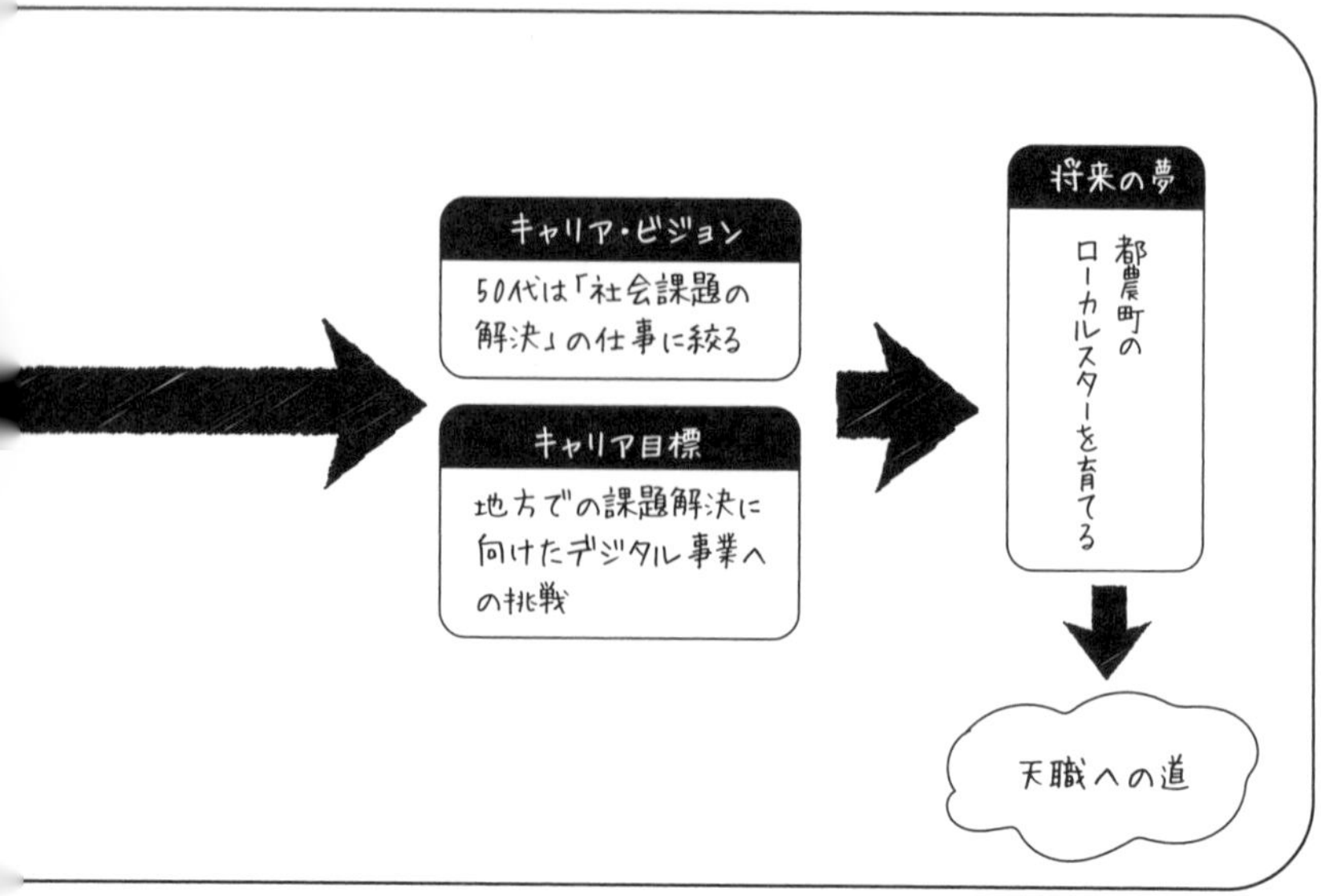
キャリア・ビジョン
50代は「社会課題の解決」の仕事に絞る
キャリア目標
地方での課題解決に向けたデジタル事業への挑戦
将来の夢
都農町のローカルスターを育てる
天職への道

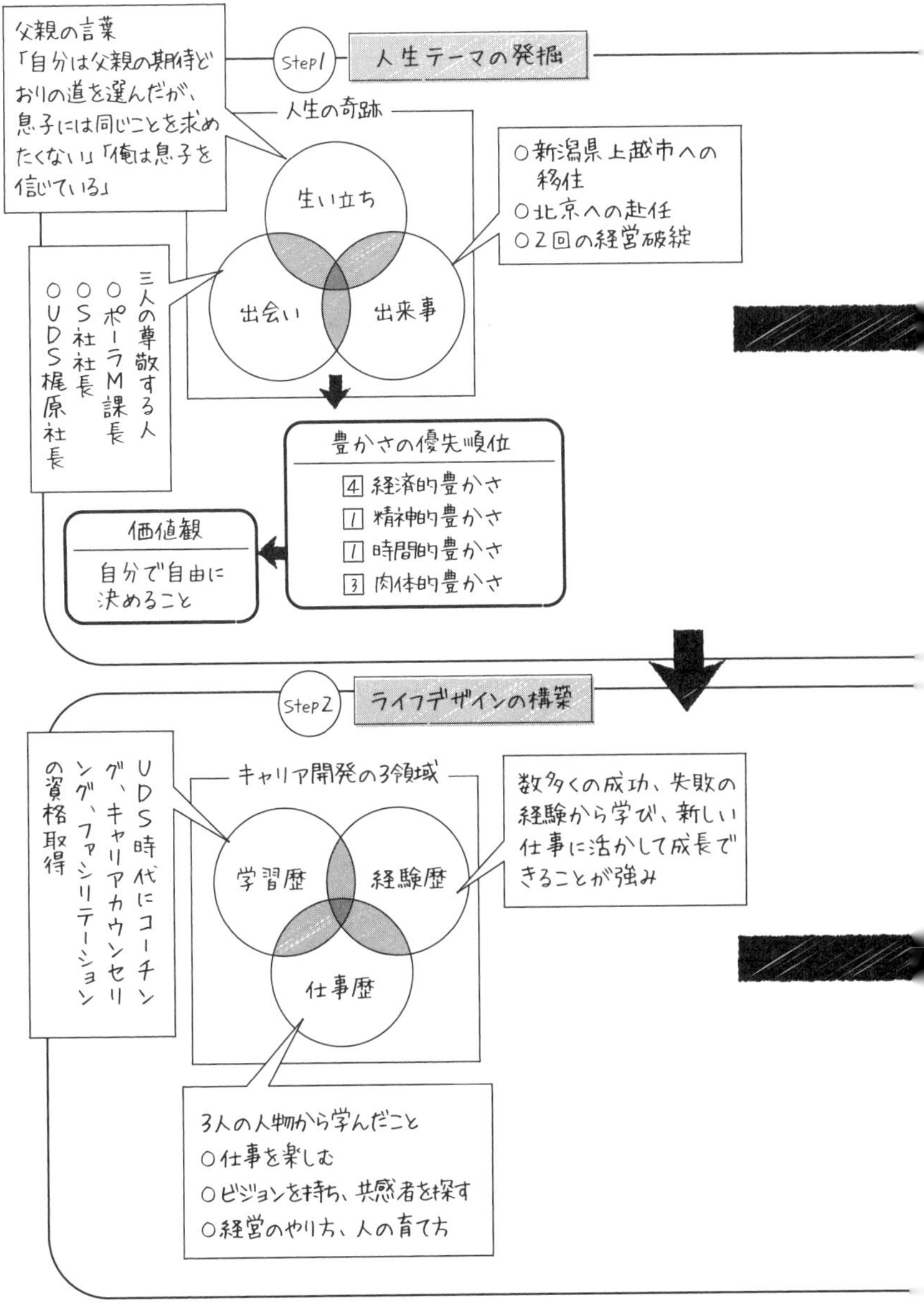
Step1
人生テーマの発掘
人生の奇跡
生い立ち
出会い
出来事
父親の言葉
「自分は父親の期待どおりの道を選んだが、息子には同じことを求めたくない」「俺は息子を信じている」
○新潟県上越市への移住
○北京への赴任
○2回の経営破綻
三人の尊敬する人
○ポーラM課長
○S社社長
○UDS梶原社長
豊かさの優先順位
4 経済的豊かさ
1 精神的豊かさ
1 時間的豊かさ
3 肉体的豊かさ
価値観
自分で自由に決めること
Step2
ライフデザインの構築
キャリア開発の3領域
学習歴
経験歴
仕事歴
UDS時代にコーチング、キャリアカウンセリング、ファシリテーションの資格取得
数多くの成功、失敗の経験から学び、新しい仕事に活かして成長できることが強み
3人の人物から学んだこと
○仕事を楽しむ
○ビジョンを持ち、共感者を探す
○経営のやり方、人の育て方

【図27】中川敬文さんの人生鳥瞰図

「起承転転」の人生の事例②
ＩＴ企業営業マンからホテルオーナーへ

二人目に紹介するＴさんは、お話を伺った二〇二一年一月の時点で五五歳。外資系ＩＴ企業Ａ社に勤めながら、郷里の広島でホテルのオーナー業を始めた方です。いまは副業の形ですが、オーナー業が収入的に一定水準に達した時点で、会社を退職する計画を立てています。

Ｔさんも、中川さんと同様に、経営者として倒産を経験しています。その人生を新卒入社時からたどってみましょう。

同期入社の友人に懇願され、二〇代で社長になる

Ｔさんは広島市の出身。早稲田大学に進学し上京します。在学中にコンピューターに関心を持ち、一九八九年に外資系ＩＴ企業Ｂ社に入社しました。

やはり、バブル絶頂期の大量採用時代。複数社から内定をもらったなかでＢ社を選んだのは、採用プロセス全体を通じて対応が丁寧で印象がよかったことと、営業職でも一年間かけて技術

的なトレーニングを受けられることが決め手でした。B社でのトレーニングは、その後、IT業界で仕事をしていくうえで非常に役に立ったといいます。

入社四年後、最初の転機が訪れます。経緯はこうです。

親しかった同期入社の友人が親の経営する会社に跡継ぎとして入った。その会社は重電機器を扱っていましたが、事業多角化の一環で、浄水器や健康器具などの商品を扱うことになった。そこで、その友人から、「助けに来てほしい」と懇願されたのです。

それは、新たに立ち上げる子会社の販売会社の社長になってほしいという頼みでした。

Tさんは引き受けることにします。

「友人に〝三顧の礼〟で頼まれると断れませんでした。B社には百戦錬磨の先輩たちがいて、なかなか自分に打順が回ってこないことへの不満も多少ありましたが、やっぱり、二〇代で社長になれるという虚栄心をくすぐられたんだと思います」

商品を訪問販売の企業に流すほか、テレビやラジオ、新聞などマスメディアを使った通販のチャネルを開発するのがTさんの仕事でした。

「コールセンターに詰めていると、テレビで宣伝をした途端、目の前でいっせいに電話が鳴って注文が入る。手応えがあって、すごく面白い仕事でした」

ところが、Tさんも友人も、特段、会社経営の経験を積んでいたわけでもない。「イケイケドンドン」で事業を広げていくうちに、資金繰りが苦しくなり、親会社ともども倒産してしまいます。イケイケドンドンから一転、債権者に頭を下げる毎日。

「われわれの甘さから、いろいろな取引先に迷惑をかけてしまいました。とても表に出られません。ほとぼりが冷めるまで、一年ぐらい、アルバイトをしたり、親に生活の援助をしてもらったりしながら、ひっそりと暮らしていました」

最初の会社の先輩に誘われ、再び外資系IT企業に入社

世間の表には出ない生活を一年ほど続けた後、一九九八年、Tさんは三三歳でIT企業に入社して社会復帰します。

すると、半年後の一九九九年、A社に転職していたB社時代の先輩から誘いの声がかかりました。

「自分のチームのメンバーが足りないので来てほしい。うちの会社を受けてみないか」

誘われるままに、A社の採用試験を受け、入社します。もとは個人向けの商品が主流だった

A社が、企業向けの事業を強化するための要員を増やそうとしていた時期でした。

Tさんは大手電機メーカーを担当し、実力を発揮して、次々と成果を上げていきました。

日陰の身から、一転、日のあたる舞台で重要な仕事も任されるようになります。

「アメリカ本社のトップと日本を代表する大手企業の経営幹部の面談をアレンジして、新しいパートナーシップを成立させたり、顧客のビジネス上の課題を解決したり、国と国との外交を演出しているような感じもあって、とてもエキサイティングでした。

私を引っ張ってくれた先輩以外の人たちからも、『この会社で生き残れる才能があるから頑張れよ』と声をかけてもらいました」

グローバルに拠点を展開する企業を担当したときは、それぞれの拠点との取り引きをすべて統括する仕事を任され、一年に何回も海外出張を重ねたこともありました。

年功序列の日本企業と違い、外資系企業だけに営業成績が落ちれば、マネージャー職を解かれる厳しさもありましたが、必ずしも給与レベルを含めて降格となるわけではなく、担当営業として大きな成果を上げれば、そこからさらに昇格できるところにも、やりがいを感じたといいます。

A社はIT業界でも給与水準が高く、また営業成績が給与のインセンティブ部分にストレートに反映されました。

「とにかく仕事が面白かったので、ワーカホリックみたいに働いて、その対価として、もらえるものはもらえるだけもらったほうがいい、という感じでした」

定年まで頑張り続けることが自分の望みなのか

猛烈社員だったTさんが「これから先のこと」を考えるようになったのは、五〇歳を過ぎたころでした。

外資系では中途入社があたりまえです。ＩＴ業界で経験を積んで能力を高め、最新の技術にも精通した三〇代、四〇代の若い人材が次々と入ってきます。

一方、Ｔさんは「本部長並み」の給与を得ているので、相応の成果を求められる。優秀な後輩たちと伍して成果を出し続けるのは、「体力的に少しきついと感じるようになった」といいます。

「六〇歳の定年（現在は六五歳）まで、現在の延長線上で仕事を続けられると思ってはいけないのだろう。その年まで頑張り続けることは自分にとって楽しいことなのだろうかと、考えるようになりました」

将来に漠然とした疑問が浮かび上がったころ、先輩社員や元上司が不動産投資を始めて、収益を得ている話をよく聞くようになりました。値上がりしそうなマンションを購入し、当面は賃貸に出して家賃収入を得て、値上がりした時点で転売して売却益を得るという手法です。

Tさんも興味が湧いて、不動産会社を紹介してもらったりして、不動産投資の勉強を始めてみたのは二〇一六年の秋、五一歳のときでした。ところが、少し違和感を覚えるようになります。

「確かに、マンションの転売は効率的にお金儲けができますが、どうも自分のやりたいこととは違う感じがしたのです」

故郷のホテルへの投資を開始する

当初は不動産投資をするなら首都圏でと考えていたTさんですが、この先も自分は東京に住みたいのかどうかと自問を始めます。

大学進学時は、広島という地方都市とは対極にある東京への志向が強かった。それが五〇歳を過ぎて、その執着は薄れた。広島には八〇歳を過ぎた父親がいます。母親は高校一年のときに亡くなっていました。自分はたまたま独身で身軽でもある。会社を退職したら、郷里に戻って、父親をサポートできる態勢を整えておく必要があるかもしれない。

広島での不動産投資を考えるようになったTさんは、二〇一七年の年明けから、帰省するたびに、不動産業者に話を聞いたり、気になる物件を見て回ったりしました。そして、半年後の同年八月、世界遺産・宮島周辺のホテルや宿泊施設へ投資する事業があることを知ります。

「出会ったのは、老朽化したホテルや社員寮をリノベーションしてホテル事業の展開を始めたばかりの会社の社長でした。

宮島周辺は宿泊施設のキャパシティがあまりないため、観光客は二、三時間、宮島観光をしたあとは、広島市内の大きなホテルに泊まる。宮島にはあまりお金が落ちません。もっと宿泊施設が充実していれば、もっと宮島を楽しんでもらえるし、お金も使ってもらえる。宿泊施設への投資に参加することで、地域活性化のお手伝いができるのではないか。そうすれば、事業をしながら父親のサポートもできるし、広島に戻る意味も大きくなる。

自分のなかですべてがつながって、これなら自分に合っていると手応えを感じたのです」

事業の仕組みは、こうです。

Tさんが出合ったホテル運営会社の親会社である不動産会社、あるいは、別の不動産所有者から、宿泊施設もしくは宿泊施設に転用可能な不動産を取得する。

運営は運営会社に委託。毎月の売上金額の合計から運営経費を差し引いた一定の割合を月額賃料として得る、レベニューシェア方式という提携モデルです。

Tさんは勤務するA社の上長に、担当テリトリーの西日本への変更を前提として、広島に転居したいと希望を出しました。少し時間はかかりましたが、幸い希望は受け入れられ、広島市の実家に転居。翌二〇一八年に副業の許可も得て、実家を所在地とする「不動産賃貸業」の個人会社を資本金三〇〇万円で設立します。

「人生、二度目の代表取締役就任でした」

最初はリスクを小さくしようと、同年八月、宮島の対岸の廿日市市に中古戸建て一般住宅を取得。リノベーションして宿泊業の許可を取り、翌二〇一九年四月から稼働を開始します。

投資額は一〇〇〇万円ほど。自己資金でまかないました。一棟貸しで五人まで宿泊可能。キッチン付きなので、家族旅行やグループ旅行の需要をねらいました。

初年度から安定した収益を確保できたことから、事業としての可能性を確信。同じ二〇一九年に、提携する運営会社が運営する廿日市市内のホテルの全一八室のうち四室を数千万円を投じて区分所有で取得します。

前は会社の社員寮だった施設で、一年前にホテルとしてオープン。建物は古いものの、スタッフの接客対応のよさから、ホテル検索サイト楽天トラベルがすぐれた実績をあげ、高い評価を得られた宿泊施設を表彰する制度で「ブロンズアワード」を取得していたホテルでした。

そして、二〇二〇年一〇月、本格的に事業を開始するため、全二一室のホテルの土地建物の取得に乗り出します。初めて地元金融機関からの融資を得て約二億円を投資しました。新型コロナウイルスの感染拡大が収まらないなか、当面はホテル事業にとって厳しい経営環境が続くことを想定し、このホテルについては、定額の賃貸料を得る契約にしました。

コロナ禍で、A社も例に漏れず社内・取引先含めてほとんどの会議をオンラインで行うようになりました。自宅で終日オンライン会議という毎日に辟易してきたTさんは、自分が投資したホテルに時々滞在するようになりました。滞在中は運営状況をつぶさに観察し、改善のための助言を運営会社に対して行っています。

「ホテルの部屋から瀬戸内海の風光明媚な光景を見ながら仕事をしていると、天候や時間によって景色がどんどん変わっていくんです。それが本当に素晴らしくて、自分が取得したホテルの立地のよさを改めて感じました」

現在はまだA社に在籍していますが、不動産投資事業で一定の収入が確保できる目途がついた時点で退社するという選択肢も考えているといいます。

価値観の抽出――五〇代になって「価値観」が変化する

Tさんのこれまでの歩み、そして、五〇代に入ってからの人生戦略について、人生鳥瞰図の項目と照らし合わせながら検証してみましょう。興味深いのは、四〇代までと五〇代になってからとで、「価値観」に変化が見られたことです（図28）。

Tさんは次のように話します。

「業績目標を課され、それを頑張って達成する。三〇代、四〇代のころは、複雑で難易度の高いゲームをやっているような感覚があってすごく楽しかった。ただ、世の中の誰かのために役立っているという感覚はあまりありませんでした。

それがいまは、自分の存在や自分のやることが、身近なところで直接何かに役に立っているという実感を得たいと思うようになりました。

一〇代まで過ごした広島での時間も、母親は早く亡くなりましたが、家族や親戚に大切に育てられた、よい育ち方をさせてもらったと思えるようになったのは五〇歳を過ぎてからで、四〇代まではそんなことは思いませんでした」

その変化は、Tさんの「性格」を示すエニアグラムからも裏づけられます。

一八〇個の質問に答えてもらったところ、性格の九つのタイプのなかで、「〇（イエス）」の数が多かった順にあげると、タイプ7の「熱中する人」が質問二〇個中一〇個、タイプ2の「助ける人」が九個、タイプ3の「達成する人」が七個でした。

エニアグラムは、質問に答えたあと、さまざまなワークショップを重ねて性格を絞り込んでいきますが、質問への回答だけでも七割方あたるといわれています。

Tさんの場合、いちばん「〇」が多いのはタイプ7の「熱中する人」、すなわち、冒険者タイプです。確かに、二〇代のころ、同期入社の友人の誘いで、健康器具などの販売会社の社長という、まったく未経験の仕事に挑戦したあたりに、その片鱗が見られます。

また、タイプ3の「達成する人」、すなわち、成功を求める要素についても七個あり、その傾向は、大学進学で東京志向が強かったこと、二〇代のころ、友人に販売会社の社長就任を請われて「虚栄心」をそそられたこと、三〇代、四〇代のころの上昇志向にも表れています。

しかし、Tさんの「性格」の本質はもともとタイプ2の「助ける人」だったのでしょう。第

4章で紹介した説明を再度引きます。

困ったり、悩んだりする人がいると放っておけない世話好きのタイプです。一対一の世話が何より大切だと思っています。自分の仕事を後回しにしてでも、他人の面倒を見ようとします。相手が迷惑がったり、感謝しなかったりすると、怒ることもあります。

ほかの人と一緒に働く職場で、人を助けることのできる仕事が適します。

Tさんの本質が「助ける人」であることは、転職の経緯にも表れていました。二〇代でB社を辞め、健康器具などの販売会社の社長を引き受けたのも、「虚栄心」もあったでしょうが、友だちに「助けに来てほしい」と「三顧の礼」で懇願されたことのほうが大きかったと思われます。

A社に入ったのも、B社時代の先輩に「自分のチームのメンバーが足りないので来てほしい」と頼まれたのがきっかけでした。

また、「助ける人」は、助けた相手から感謝されることを無上の喜びとします。Tさんは、「世の中の誰かのために役立っている感覚はあまりありませんでした」と語っていますが、その一

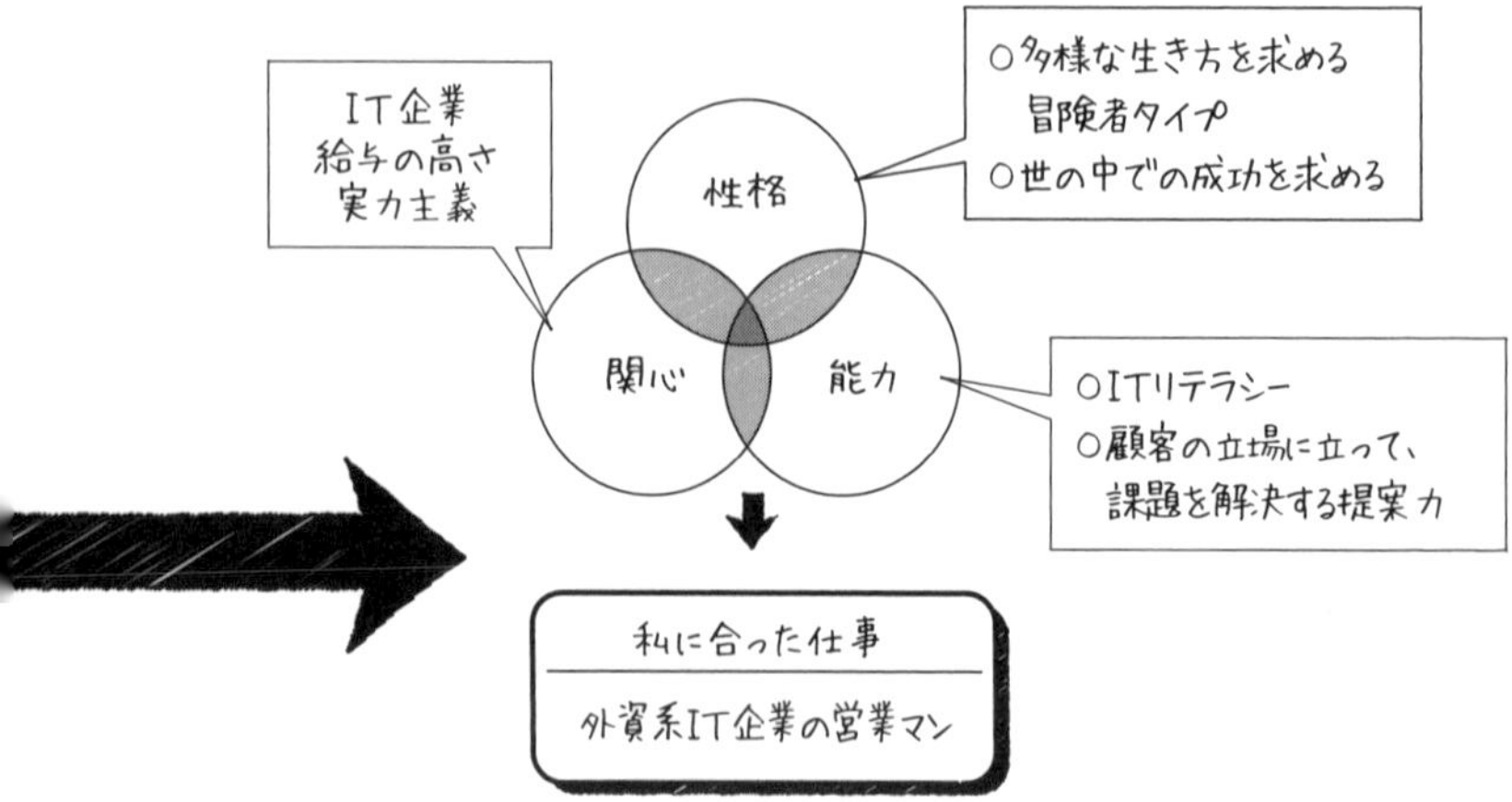
IT企業
給与の高さ
実力主義
○多様な生き方を求める
冒険者タイプ
○世の中での成功を求める
性格
関心
能力
○ITリテラシー
○顧客の立場に立って、
課題を解決する提案力
私に合った仕事
外資系IT企業の営業マン

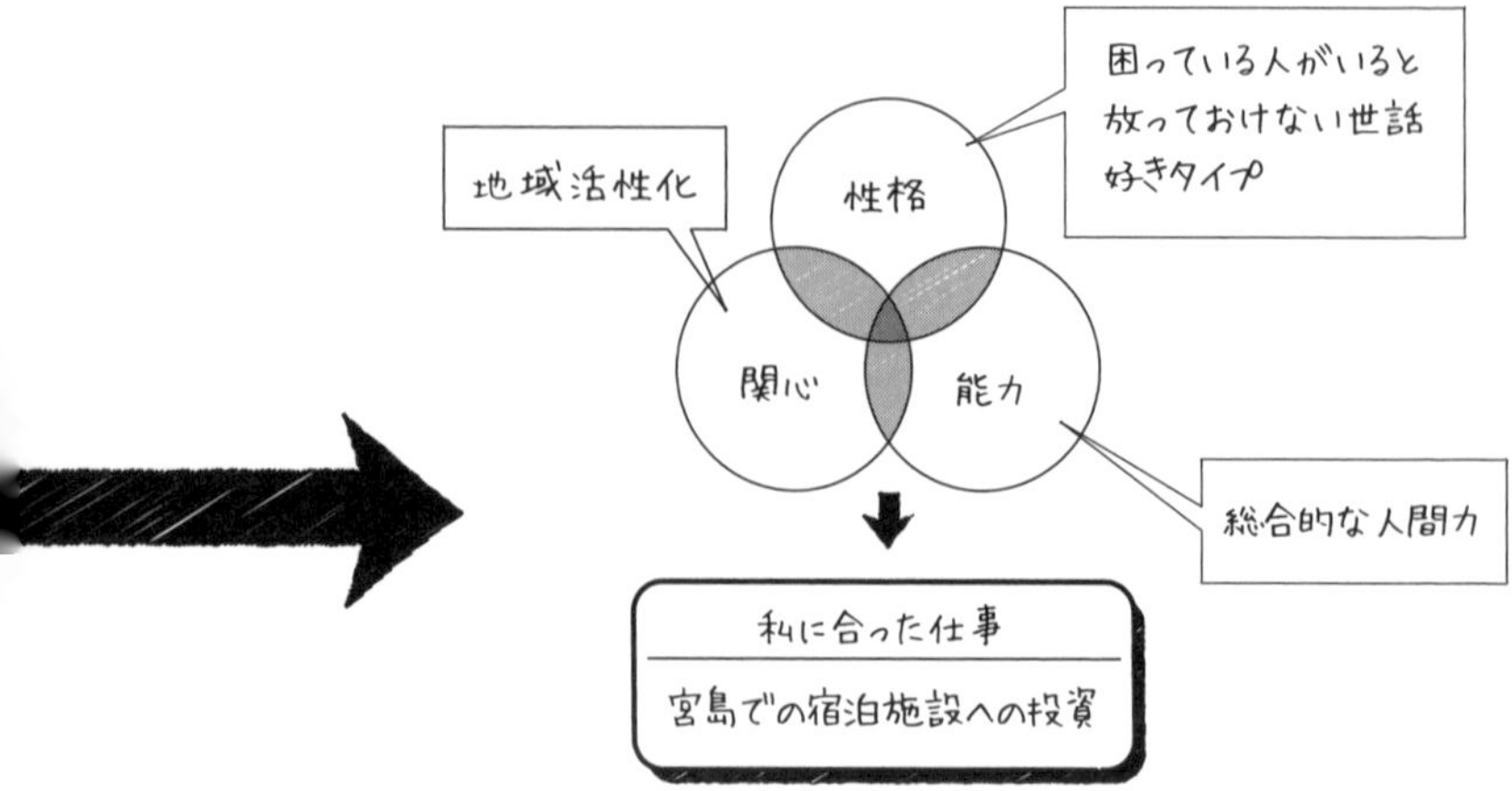
困っている人がいると
放っておけない世話
好きタイプ
地域活性化
性格
関心
能力
総合的な人間力
私に合った仕事
宮島での宿泊施設への投資

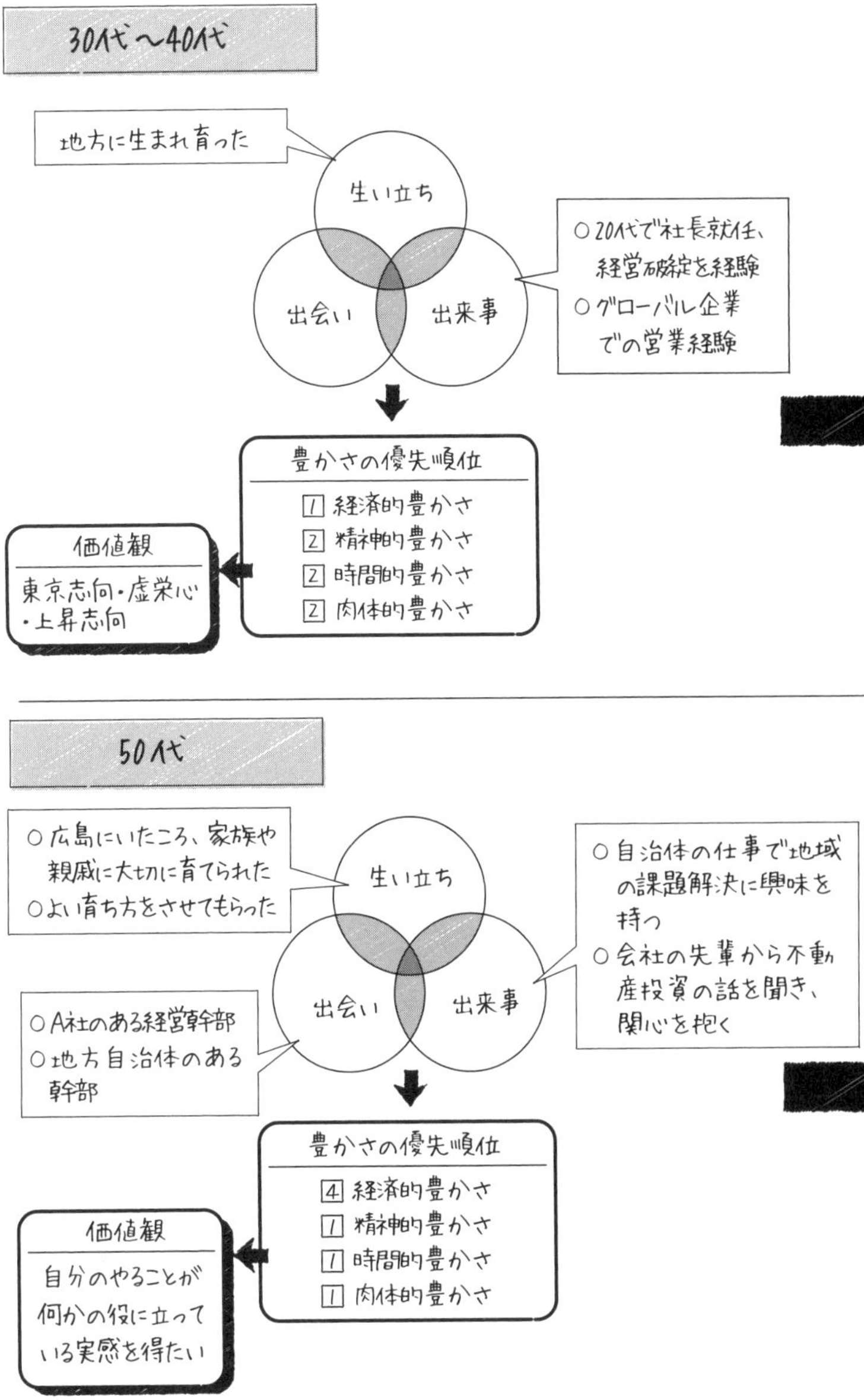
30代～40代
地方に生まれ育った
生い立ち
出会い
出来事
○20代で社長就任、経営破綻を経験
○グローバル企業での営業経験
豊かさの優先順位
1 経済的豊かさ
2 精神的豊かさ
2 時間的豊かさ
2 肉体的豊かさ
価値観
東京志向・虚栄心・上昇志向
50代
○広島にいたころ、家族や親戚に大切に育てられた
○よい育ち方をさせてもらった
生い立ち
出会い
出来事
○自治体の仕事で地域の課題解決に興味を持つ
○会社の先輩から不動産投資の話を聞き、関心を抱く
○A社のある経営幹部
○地方自治体のある幹部
豊かさの優先順位
4 経済的豊かさ
1 精神的豊かさ
1 時間的豊かさ
1 肉体的豊かさ
価値観
自分のやることが何かの役に立っている実感を得たい

【図28】Tさんの価値観と自分像の変化

方で、グローバルに拠点を展開する企業を担当したとき、先方のカウンターパートとなった部長クラスの担当者とのこんなエピソードも語っています。

「カンパニー制をとっていたその会社は、社内のコミュニケーションツールやグループウェアが統一されていなくて、カンパニーごとに別々のシステムを使っていました。その担当者の方は当初、『A社のシステムを全グループに統一して導入するのは五、六年先になるだろう』といっていたのですが、A社の米国本社から支援も引き出して様々な説得材料を揃えた結果、前倒しで導入いただけました。

去年（二〇二〇年）の夏、久しぶりに連絡をとってみたら、『Tさんの提案でシステムを統一しておいてよかったです。統一していなかったら、コロナ禍で全社のリモート勤務対応なんて、とても無理だったでしょう。本当に助かりました』と感謝されたのです。お客様に直接言葉で礼をいっていただけるのが、すごくうれしい思いがしました」

Tさんの営業スタイルは、パートナービジネスといって、単に売り手と買い手の関係ではなく、顧客とパートナーシップを組んで顧客の課題を解決し、収益を得るというＷｉｎ‐Ｗｉｎの関係を目指すものです。顧客の立場に立って考えることが求められるため、Tさんは「私に合った仕事」に就いていたことになります。

そして、五〇代になって、もともと持っていた「助ける人」の性格が強く出るようになり、「自分の存在や自分のやることが身近なところで直接何かの役に立っている実感を得たい」という「価値観」が明確に意識されるようになったのでしょう。

キャリアの振り返り——相手の立場に立ってものごとを考える

人生の楽しみ方、人との接し方を教えてくれた上司

Tさんの「仕事歴」や「経験歴」を見てみましょう。Tさんは自身の「仕事歴」のなかで出会った一人の人物に大きな影響を受けたといいます。

「A社の経営幹部だった人で、人生の楽しみ方を学びました。A社ではワーカホリックのように仕事をする幹部が多かったのですが、その人は一線を画し、自分の生活を楽しむことと家族を大事にすることを実践していました。

お客様との接し方も学びました。場を和ませるのが上手な人で、相手とすぐ親しくなる。その人がいれば、お客様とのトラブルはだいたい収まりました」

Tさんは一つのエピソードを披露します。あるとき、Tさんは接待の店選びを任されました。

相手は大手総合電機メーカーの役員。高級な懐石料理の個室を予約したところ、その経営幹部に怒られてしまいます。

「お前、お偉いさんが接待でどんなところで食事をしているか知っているか。懐石料理なんか、さんざん食べさせられて辟易しているぞ。それより、今日はこれを食べたって印象に残るものを考えろ。なんでもいいぞ」

そういわれたTさんは、「先方の年齢からして絶対に食べたことはないだろう」と、ブラジルのシュラスコ料理の店を予約。今度は経営幹部も了承。あとで先方の秘書に聞いたところ、その役員は「初めてシュラスコ料理という面白いスタイルの料理をいただいた」と楽しそうに話されていたとのことでした。

「その経営幹部が辞めて一〇年以上経ちますが、いまでも年二回、当時の部下三、四〇人で集まって宴会をしています」

Tさんは仕事をしながら、さまざまな「能力」を身につけてきましたが、その経営幹部からは人間力の大切さを学んだのでしょう。それが五〇代になって、より意識されるようになった。

瀬戸内海の景色を眺めながら仕事をする。

そんな「人生の楽しみ方」に目覚めたのは、その経営幹部の姿を見ていたことも大きいのでしょう。

地域活性化に興味を持つきっかけとなった出会い

また、Tさんは、自分の「関心」が地域活性化に向いたのも、「仕事歴」のある仕事が影響しているかもしれないといいます。

「それは、東京のある区役所との仕事でした。

区役所に新たにコミュニケーションツールを導入し、職員が机に縛られず、街に出て行っても、互いにコミュニケーションをとりながら区民の生活をサポートできるようにするというコミュニケーション改革のお手伝いをしたのです。

改革を推進した区長も副区長も民間出身で、その区が抱える課題をどうやって解決するかについて真剣に取り組んでいた。

私はお二人から、その構想についてよく聞かせていただき、非常に共感を覚えました。宮島の地域活性化にひかれたのも、私のなかで、その区を広島に置き換えたところがあったように思います」

Tさんの「経験歴」をなぞると、若いころ、「イケイケドンドン」で突き進んだ末の倒産という貴重な経験も役立っています。広島での不動産投資で、最初は一戸建ての中古住宅の取得から始めたのも、その失敗から学んだことが大きいといいます。

「倒産したときには、親には相当心配をかけましたから。今回は小さく始めました」

「キャリア目標」と「天職への道」――キャリアの二期目は故郷の課題解決に貢献

これから先、会社を退職し、広島に戻って、宿泊施設への投資をしながら親をサポートする生活は、Tさんにどのような豊かさ（自由の拡大）をもたらすのか。四つの指標について、こう話します。

「精神的自由と時間的自由は当然増えるでしょう。健康状態も改善されて肉体的自由も増すはずです。収入はおそらく下がるでしょう。トータルで三勝一敗ですが、経済的な豊かさの優先順位はもうさほど高くありません」

現在五五歳で、まだA社に在籍するTさんの場合、おそらく、壮年期のうちに転身をはかることになるのでしょう。そして、宿泊施設への投資という仕事は、六五歳からの実年期にも続けていくことになるでしょう。

一般的に、ビジネスパーソンがもし、壮年期に向けて新たな人生戦略を立てることも、ライフデザインを描くこともなかった場合、会社に定年まで居続けたとしても、キャリアづくりは六五歳でストップする可能性が大きいでしょう。

それに対し、Tさんの人生鳥瞰図（**図29**）を見ると、キャリアの三期の二期目（壮年期）から三期目（実年期）へと続く人生戦略を構想中であることがわかります。

「将来の夢」について、こう語ります。

「ホテルの近くには、シーカヤックを体験できるショップもあって、私も瀬戸内海に漕ぎだしてみたことがあります。そのときの感動も、この地で投資をしようと決断する決め手の一つになりました。

しかし、ほとんどの旅行者はそんな楽しみ方があるのをあまり知りません。宮島でこんな体験ができるという情報発信が遅れているように感じます。

ホテルの運営はプロに任せ、私はこれまでの経験で活かせるものを活かし、宮島周辺の観光業発展のお手伝いができたらいいなと思ったりもしています」

地元広島の地域活性化にかかわるなかで、Tさんもやがて、「天職への道」を探り当てることでしょう。

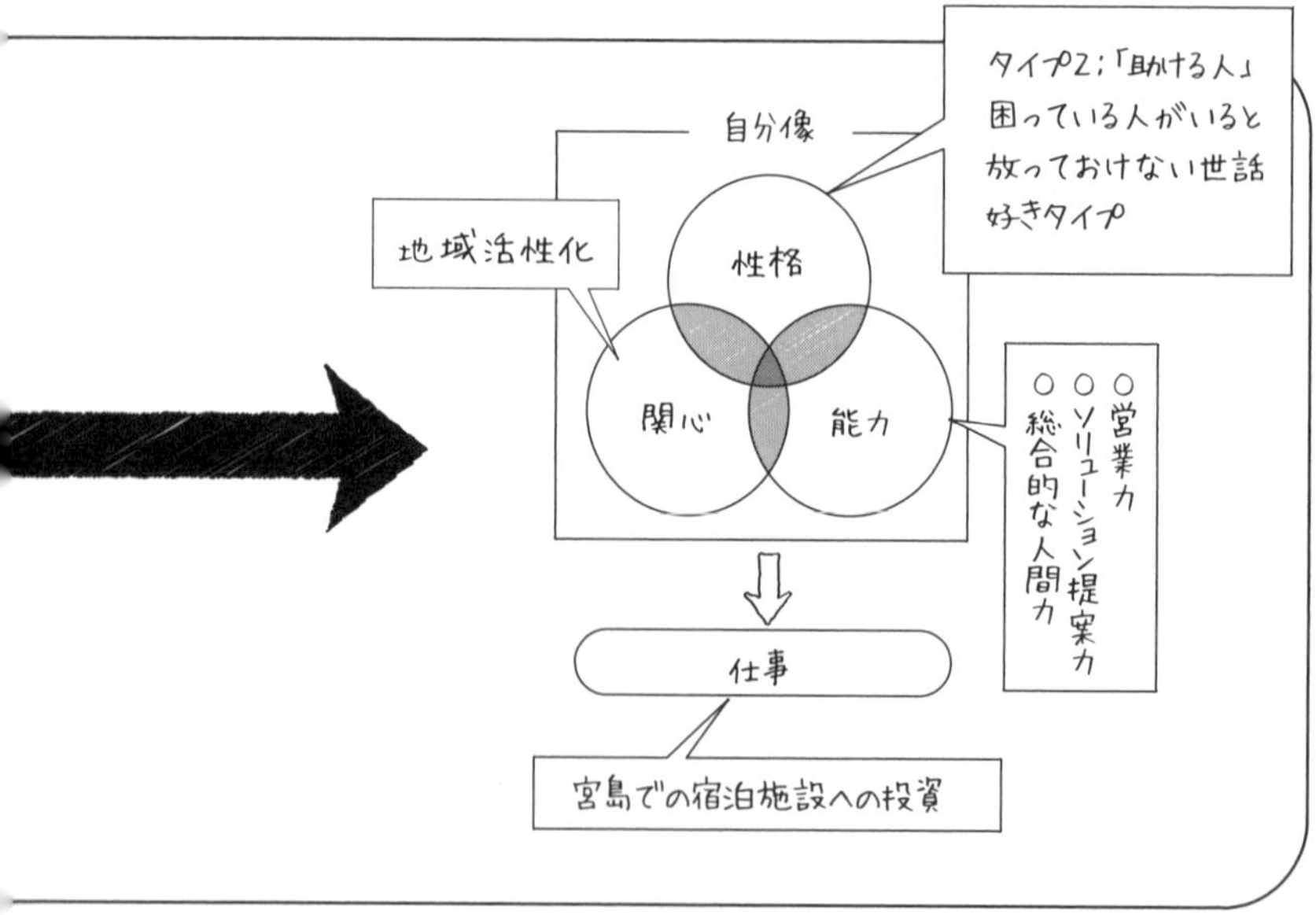
自分像
タイプ2：「助ける人」
困っている人がいると
放っておけない世話
好きタイプ
地域活性化
性格
関心
能力
○営業力
○ソリューション提案力
○総合的な人間力
仕事
宮島での宿泊施設への投資

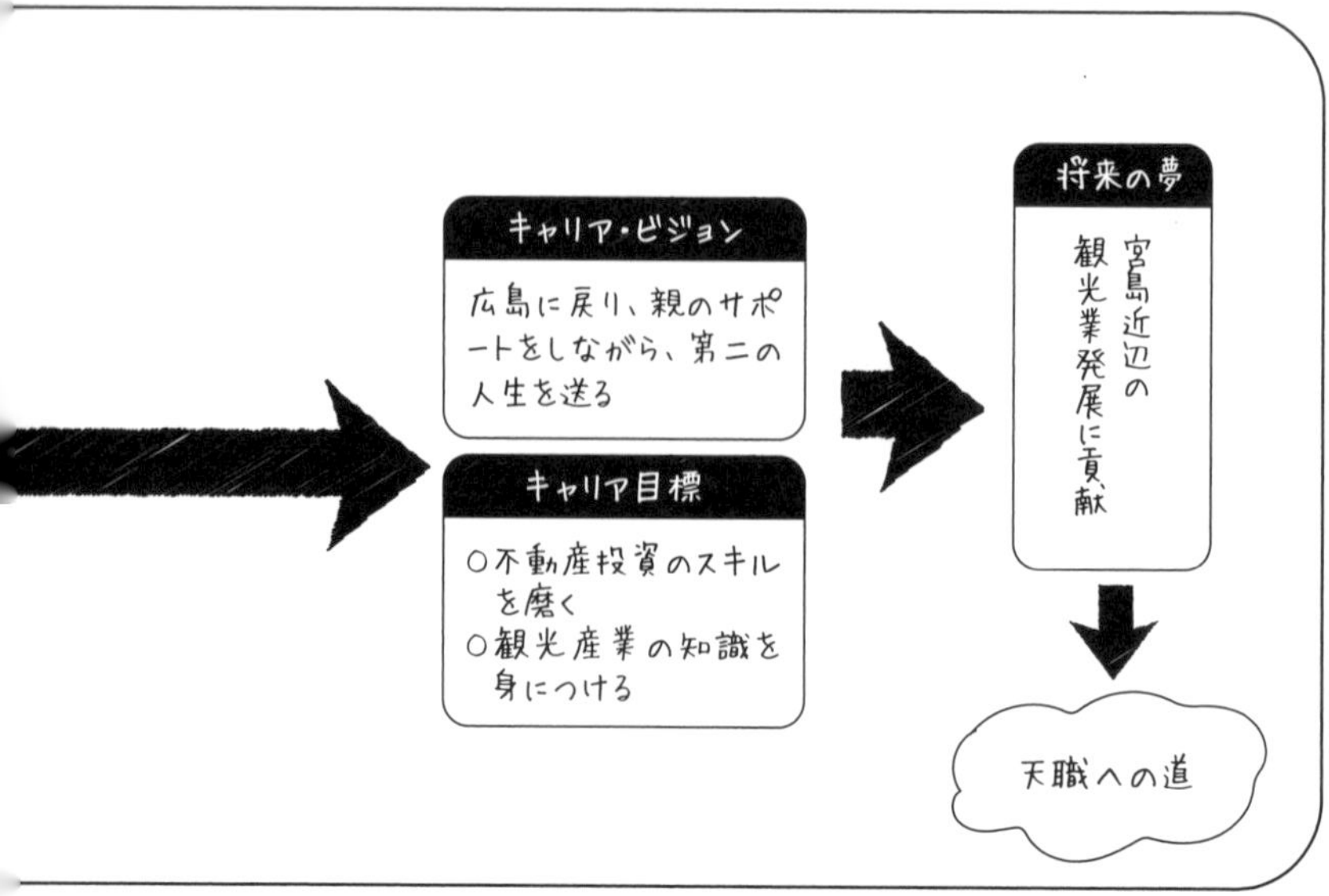
キャリア・ビジョン
広島に戻り、親のサポートをしながら、第二の人生を送る
キャリア目標
○不動産投資のスキルを磨く
○観光産業の知識を身につける
将来の夢
宮島近辺の観光業発展に貢献
天職への道

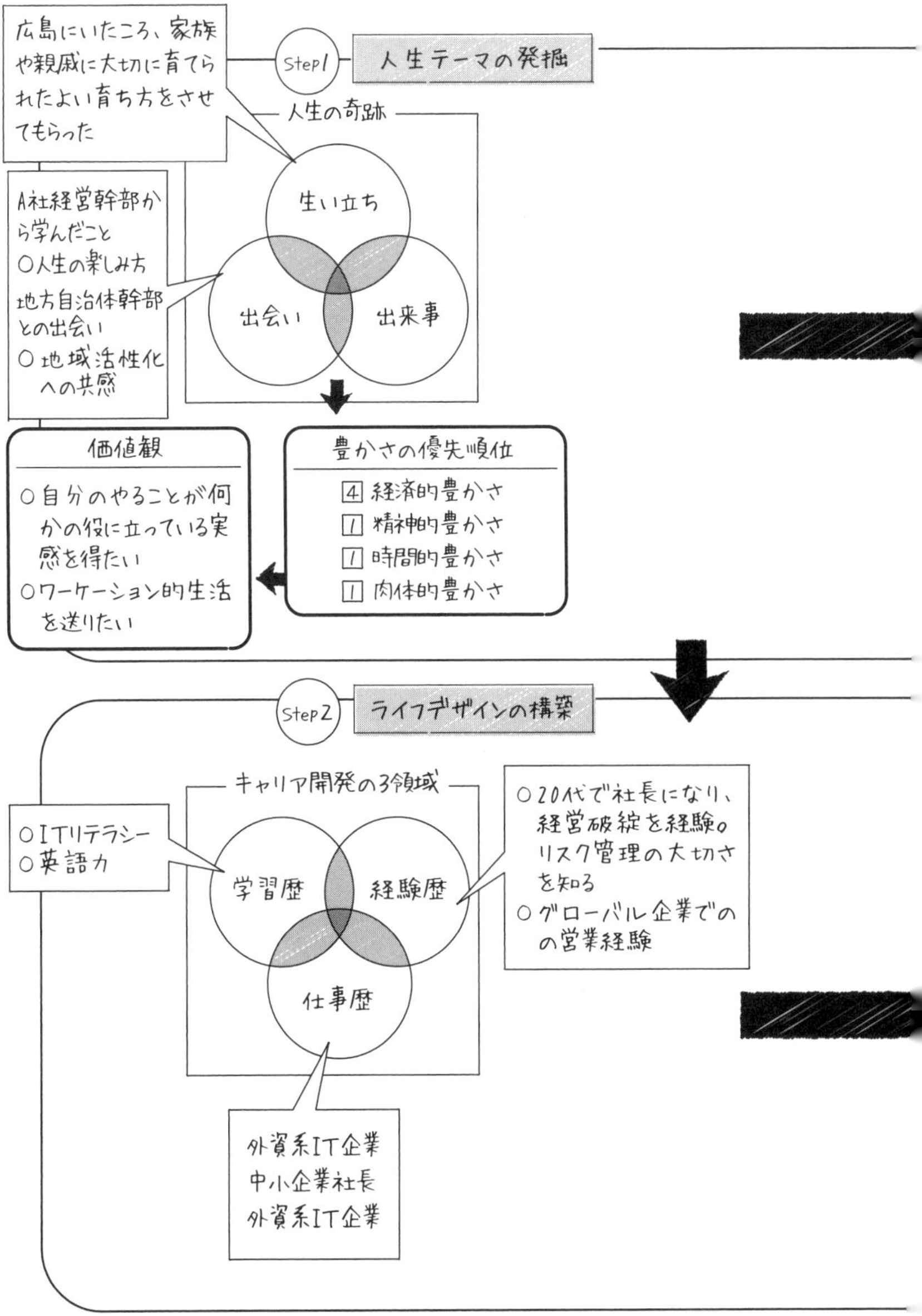

【図29】Tさんの人生鳥瞰図

人生遅咲きの先達たち

はじめにも書きましたが、私は一五年ほど前から、偉大な功績を残した人物の足跡をたどる人物記念館を訪ねることをテーマにして、国内を旅しています。

この旅での発見は、偉人には遅咲きの人が多いということです。四〇代や五〇代、あるいは、六〇代から人生を完成させる道を進み始めているのです。

事例に続いて、「起承転転」で遅咲きの人生を歩んだ先達たちの例を紹介しましょう。

須藤一郎（すどう美術館館長）――五四歳で「世界一小さい美術館」館長となる

須藤一郎さんは一九三六年の生まれ。東京大学法学部を卒業後、第一生命に入社します。二九歳で結婚。

一九八二年、四六歳のとき、夫婦で伊豆を旅行した際に立ち寄った池田20世紀美術館で開かれていた「菅創吉の世界展」が、須藤さんのその後の人生を変えることになります。

名前も知らなかった画家、菅創吉の作品に出合い、深い感動を覚えた須藤さんは、作品を一点購入したのをきっかけに、絵を収集するようになりました。

そして、集めた絵を自分たちで眺めるだけでなく、もっと多くの人に見てもらいたいとの思いから、一九九〇年、東京郊外にある自宅のリビング、和室、廊下を改装し、収集した作品を展示する「すどう美術館」を開館します。これを、「世界一小さい美術館」と呼びました。壮年期に入った五四歳のときでした。

すどう美術館では、さまざまな企画展を開催したり、講演会や講座を開いたりと、幅広く活動を続けました。一九九六年、五九歳で玉川大学文学部通信教育科で博物館学芸員の資格も取得します。

一九九八年、須藤さんはすどう美術館を銀座に移し、会社は定年退職して、二足のわらじから美術館運営一本に絞ります。大小二つのスペースで毎週新しい展覧会を行い、館外へも出前美術館や海外のアートフェア出展などに活動の場を広げていきました。

そして、実年期の七一歳になった二〇〇七年、銀座での活動が一〇年目を迎えた節目に、美術館を小田原市に移設。若い作家の公募展の開催や、国内外のすぐれた作家の紹介など、新たな観点から今も活動を続けています。

山下一穂（土佐自然塾塾長　故人）――五六歳で農業の学校を開校

山下一穂さんは一九五〇年の生まれ。生まれ育った高知県から大学進学のため上京後、ドラマーとして活動。その後、帰郷し、高知市内で学習塾を開設します。

ところが、体を壊してしまい、それをきっかけに始めたのが農薬を使わない家庭菜園でした。それが発展して、四八歳で県内の山あいのまち、本山町で本格的に農業に従事するようになります。

山下農園は自然農法と経済性の両立を目指す新しい有機農業を実践。農園の野菜は東京や大阪の販売店からの需要も多くありました。

そして、二〇〇六年、五六歳のときに、就農希望者に有機農業を教える「有機のがっこう土佐自然塾」を開校します。土づくりからはじまり、季節ごとの野菜の育て方までを一年間かけて実地で教育します。就農希望者が全国から集まるようになりました。

山下さんはこう語っています。

「有機農業はもうからない、と言われつづけてきました。でも僕は、その逆、有機農業でもうけることが出来ると証明しているつもりです。そのノウハウを伝授したいのです。農薬を使わない有機農業は自然を守り、ひとびとの健康を守るために絶対必要。有機農業をみんながやるようになったら、田畑から日本は再生する、と僕は主張しています。そのために、もうかる有機農業のやりかたを、土佐自然塾に来てくれたひとたちに伝えようと思っています」（SHARE THE LOVE for JAPANのウェブサイトより）

山下さんは二〇一七年、六七歳で急死されますが、塾の開設後一〇年間で一〇八名の卒業生が巣立ちました。

「有機農業を軸とした田舎からの国造り」という哲学を土台に、土佐自然塾で育てられた弟子たちは、現在、山下流の有機農業による「おいしい野菜づくり」を全国で展開しています。その弟子たちが次の世代を育て始めています。

やなせたかし（漫画家　故人）——五〇歳で「アンパンマン」を発表

やなせたかしさんは、一九一九年の生まれ。父親が幼いときに亡くなったため、家族は父親の実家がある高知市に移住します。

中学のころから絵に興味を持ち、官立旧制東京高等工芸学校図案科（現・千葉大学工学部総合工学科デザインコース）に進学しました。戦時中は徴兵され、中国へ出征しました。

一九四七年、二八歳のときに、漫画家を志して、高知県から上京。三越に入社し、宣伝部でグラフィックデザイナーの仕事をするかたわら、漫画を描き始めます。

六年後に三越を退職し、三四歳で専業漫画家として独立しますが、当時は手塚治虫さんらが推進したストーリー漫画に人気が集まり、やなせさんの描く大人漫画やナンセンス漫画は掲載の場が減りつつありました。

そこで、舞台美術制作、放送作家、脚本家、編集者、司会者などの仕事で生計を立てていたやなせさんは、四〇代まで代表作がありませんでした。

四〇代後半から絵本を描き始め、五〇歳のときに出した本でアンパンマンが登場しますが、これは大人向けの作品で、後のアンパンマンとは異なるものでした。

一九七三年、五四歳のときに、大人向けに描いたアンパンマンを子ども向けに改作して発表。幼児層に絶大な人気を博すようになります。一九八八年、六九歳のときにテレビアニメ『それいけ！アンパンマン』の放送が開始されると大人気番組となり、やなせさんは一躍売れっ子になっていきました。

『何のために生まれてきたの？』（ＰＨＰ研究所）というインタビュー集に、アンパンマンに込めた人生哲学が語られています。

「戦争というのは、絶対にやっちゃいけない」「戦争は殺人をしなくちゃいけない」「戦争には真の正義というものはないんです」「正義っていうのは、いったい何か？　ひもじい人を助けることなんですよ」「ひもじい人を助けるヒーローをつくろうと思っていたんです。それがアンパンマンを描き始めた動機なんですね」「（キャラクターは）最初から食べ物に限定しようと思っていました」「子どもにとって一番大事なことは『食べる』ということ」「正義を行う人は自分が傷つくことを覚悟しなくちゃいけない」「アンパンマンは自分の顔をあげる。自分のエネルギーは落ちるけど、そうせずにはいられないから」

二〇〇一年には、八二歳で自作のミュージカルを初演。

二〇一一年三月一一日の東日本大震災のあと、「なんのために生まれて　なにをしていきるのか」の歌詞で始まるアンパンマンのテーマソング「アンパンマンのマーチ」が、復興の応援歌的に歌われたことから、九二歳で被災地向けにアンパンマンのポスターを製作し、支援にも力を入れました。

二〇一三年にはアンパンマンの劇場版アニメの初日舞台挨拶に駆けつけ、「死ぬときは死ぬんだよ。笑いながら死ぬんだよ。……死ぬまで一生懸命やるんだよ」と笑いながら語り、その三カ月後、九四歳の大往生を遂げました。

まさに、遅咲きの人生を完成させた一生でした。

人生は生命体に似て常に変化する

戦略とは何かといえば、目的に向けて、ものごとの優先順位を決めることであると私は考えます。別のいい方をすれば、何に重点を置くかということです。

たとえば、青年期にあって、子どもの教育費が必要な時期は、仕事のために時間的自由を犠牲にして、経済的自由の獲得を優先するのも、一つの人生戦略です。

では、壮年期に向けた人生戦略の目的は何でしょうか。

内村鑑三は、誰にでも残すことができる「最大遺物」があるとして、それは「勇ましい高尚なる生涯」であると説いた話を第1章で紹介しました。「あの人はあの人でいい生き方をした」「あの人らしい人生だった」といわれるような生き方は、その人しかできない。それも、一つの「高尚なる人生」といえるのではないかと述べました。

壮年期に向けた人生戦略の目的はそれぞれでしょうが、共通するのは、自分で満足できる人生を送るということではないでしょうか。

「起承転転」の人生の事例も、遅咲きの人生を送った先達たちの事例も、壮年期に向け、精神的自由を求める生き方をしています。

ただ、精神的自由、時間的自由、経済的自由、肉体的自由について、どのように優先順位をつけるかは一般解があるわけではありません。「自分は経済優先だ」という人もいれば、「いちばん大切なのは肉体だ」という人もいるでしょう。

大切なのは、壮年期に向け、さらに、その先の実年期も視野に入れ、「どのように優先順位を組み合わせるか」という問いかけを自らにすることです。

そこで、人生鳥瞰図の出番です。

「生い立ち」「出会い」「出来事」を思い返しながら、自分はどの自由に重点を置くかを考えると、いま現在の「価値観」を自覚することができます。「起承転転」の人生のTさんのように、「価値観」が三〇代、四〇代とは表れ方が変わっているかもしれません。

この「価値観」と、「性格」「関心」「能力」からなる「自分像」を、人生鳥瞰図で重ね合わせれば、「私に合った仕事」が浮かび上がります。

「性格」は変わりませんが、「関心」は四〇代のころより広がり、「能力」も幅を増していることでしょう。

そして、これまでの「仕事歴」「学習歴」「経験歴」をなぞり、自分が影響を受けたことがらを振り返ってみると、人生鳥瞰図で浮かび上がった「私に合った仕事」とのつながりが見えてくるはずです。

そして、「私に合った仕事」を行いながらキャリアを積み上げていくには、具体的にどんな仕事、学習、経験が必要であるかを考えていくと、「天職への道」に続く道筋が見えてくるはずです。

「なんのために生まれて　なにをしていきるのか」

子どもたちが歌う「アンパンマンのマーチ」は、大人こそが考えるべきテーマでしょう。

自分の人生鳥瞰図を作成するプロセスは、「自分は何のために生きるのか」「どうありたいのか」という自己発見のプロセスでもあります。

人生とは生命体のようなものであると、私は思っています。部分が変われば、全体が変わり、全体が変われば、部分が変わる。部分と全体の相互作用のなかで、人生も変化し、新陳代謝していく。

そのダイナミズムを図解で表すことができるのが人生鳥瞰図です。

本書を手に取った方は、その変化を感じ取っている、あるいは、変化を起こしたいと感じているのではないでしょうか。

ならばいますぐ、鉛筆と紙を用意し、人生鳥瞰図を描いてみませんか。

きっと満足できる人生へと導く羅針盤を手に入れることができるでしょう。

おわりに

「今日も生涯の一日なり」

その日その日を、「いまから」の思いで精一杯に生きる。私は座右の銘である福澤諭吉の言葉を、毎日書き綴っているブログのタイトルにしています。

そのブログには、そのときどきの出来事や脳裏に浮かんだ思いのほかに、「名言との対話」と題したコーナーを設け、その日が命日や誕生日にあたる偉大な先達の残した名言を紹介しています。この「名言との対話」は、人物記念館の訪問と並ぶ、私のライフワークです。もう五年以上続けていますから、名言の数は二〇〇〇近くになります。

そのなかから、五〇代からの人生戦略というテーマに関連するものを抜き出してみました。

「人生のなかだるみの第一波は四〇代後半、問題の第二波は五〇代半ばにくる」（亀倉雄策　グラフィックデザイナー、一九六四年の東京オリンピックのポスター作成者）
亀倉雄策は一九一五年生まれであることを考えると、人生一〇〇年時代を迎えつつある今では、四〇代後半から五〇代半ばを人生のなかだるみの第一波ととらえるのがいいのではないでしょうか。第二波は、壮年期を終えて実年期入りする六五歳前後と考えましょう。
大切なのは、「意欲」「気力」を持ち続けること。

「才能はみんな同じなのに、やらないだけですよ。気力の問題ですね。ボクは才能は傑出していないが、ウヌボレだけは人一倍です」（青島幸男　作家、東京都知事）
「凡人が何かをしようとするときは、一つのことに徹しなくてはいけない」（小渕恵三　第八四代内閣総理大臣）
「幸福は常に努力する生活の中にのみある」（石川達三　作家）
「なにかを光らせるためには、光るまで磨くだけでいい」（斎藤茂吉　歌人）
「人は極端に何かをやれば、必ず好きになるという性質を持っています。好きにならぬのが不思議です」（岡潔　数学者）
「興味があるからやるというよりは、やるから興味ができる場合がどうも多いようである」（寺田寅彦　物理学者、随筆家）
「平凡の凡を重ねよ、いつかは非凡になる」（岩田弐夫　東芝社長・会長）

というように、「今日も生涯の一日なり」という気持ちで日々を積み重ねていく。

「何か一つのことが上手くいったら、そこにいつまでも留まらずに、別の素晴らしいことをやるべきだ。次にするべきことを見つけろ」（スティーブ・ジョブズ　アップル創業者）

「画一的な人生のパターンに向けて、みんなが競争しているのは、異常だと思います」（羽仁未央　エッセイスト）

一つの山を越えれば、次の山が見えてくる。その登った山の数と高さが、あなたの人生を豊かなものにしてくれることでしょう。

「人生は晩年の方が充実する。過去の失敗から知恵が、それまでの蓄積から先見力が生まれるからだ」（三鬼陽之介　経済評論家）

「一〇〇歳までは、新国劇の演目でひとり芝居をやる。内舘さん、そこでだ。一〇一歳のひとり芝居、新作を書いてくれないか」（島田正吾　俳優）

「大器晩成ならぬ小器中成」（新村出　言語学者、『広辞苑』編纂・著者）

一〇〇年間を生きた人を、一世紀（センチュリー）を生き抜いたという意味で「センテナリアン」と呼びます。

繰り返しますが、長生きは社会にとってコストが大きい、個人にとってはリスクが高いという話ばかりが先行しているのは間違っています。お金などの個別の問題について考えることから始めるのではなく、まず、自分の人生のとらえ方を決めるところから始めることが大事です。

むしろ、長生きはチャンスととらえるべきである。それまでできなかったことができるようになる実りの時期を迎えるからです。

「この世は自分を探しに来たところ、この世は自分を見に来たところ」(河井寛次郎　陶芸作家)

「しかし、人間は生き方を変えることができる」(日野原重明　医師)

「どういう風に毎日、一日の人生を生きることが、一番我が意を得たものになるかという、その考え方が、人生観なんです」(中村天風　思想家)

五〇代にとって、いまは厳しい時代です。定年や、その先の人生も視野に入り、自分の生き方に確信が持てず、深い霧のなかをさまよっているような感じがする。進む方向は正しいのか、舵を切るべきなのか、漠とした不安を抱えながら進む。

すでに五〇代に入った人も、これから五〇代を迎える人も、そんな思いを抱いている人が多いのではないでしょうか。

航海に羅針盤が必要なように、人生行路にも羅針盤は必要です。本書で紹介した人生鳥瞰図は、進むべき道筋を示す羅針盤になるはずです。そして、ここにあげた言葉の数々は、自製の羅針盤とともに、行く手を照らす「一燈」になることでしょう。

読者が「高尚なる生涯」、自分で自分に満足できる素晴らしい人生を送られることを願ってやみません。

最後になりましたが、この本の完成にあたっては、阿部佳代子さん、勝見明さんに大変お世話になりました。お二人とは二〇年近く前にビジネス誌「プレジデント」を舞台に知り合ったのですが、久しぶりにこの旧友のチームで楽しく仕事ができたことに感謝いたします。

二〇二一年六月吉日

久恒啓一

著者紹介

久恒啓一（ひさつね・けいいち）

多摩大学大学院客員教授・宮城大学名誉教授・多摩大学名誉教授

1950年、大分県中津市生まれ。九州大学法学部卒業。1973年、日本航空に入社。広報課長、経営企画担当次長などを歴任した。一方、社外の「知的生産の技術」研究会で活動を重ね、図解コミュニケーションの理論と技術を開発し、1990年に初の単著『コミュニケーションのための図解の技術』（日本実業出版社）を刊行した。

1997年、早期退職し、新設の県立宮城大学教授（事業構想学部）に就任。学生部長、キャリア開発室長、大学院研究科長、総合情報センター長、学長補佐などを歴任。また、国土交通省や経済産業省の環境政策、人材育成の研究会委員、宮城県の行政改革、長期総合計画、農業など27の委員会委員長、委員を務めるなど地域活性化に貢献した。

2008年、多摩大学経営情報学部教授に就任。2012年、経営情報学部長、2015年、副学長、2019年、多摩大学特任教授、多摩大学総合研究所所長を歴任し、2021年より現職。NPO法人知的生産の技術研究会理事長。「日本人のアタマの革命（図解）とココロの革命（人物研究）」をライフワークとする。両分野の著書は100冊以上、『久恒啓一図解コミュニケーション全集』全10巻（日本地域社会研究所）を刊行中。

久恒啓一図解 WEB:http://www.hisatune.net

50歳からの人生戦略は「図」で考える

2021年7月4日　第1刷発行

著者	久恒啓一
発行者	長坂嘉昭
発行所	株式会社プレジデント社
	〒102-8641
	東京都千代田区平河町2-16-1 平河町森タワー13階
	https://www.president.co.jp
	電話　編集（03）3237-3732
	販売（03）3237-3731
構成	勝見 明
装丁・本文デザイン	八木麻祐子（Isshiki）
校正	株式会社ヴェリタ
編集	阿部佳代子
制作	関 結香
販売	桂木栄一　高橋 徹　川井田美景　森田 巌
	末吉秀樹　神田泰宏　花坂 稔
印刷・製本	凸版印刷株式会社

©2021 Keiichi Hisatsune ISBN978-4-8334-2417-2 Printed in Japan

本書の無断複写複製（コピー）は、著作権法上での例外を除き、著作者、出版社の権利侵害となります。
乱丁・落丁はお取り替えいたします。小社販売部までご連絡ください。